「おもしろ」授業で法律や経済を学ぶ

熊田亘

清水書院

まえがき

筑波大学附属高校で「政治・経済」を教えるようになって16年が過ぎた。毎年3年生6クラス、約240人を担当するから、4000人近い高校3年生を教えたことになる。「NHKホールで立ち見が出るか」とも思うが「さいたまスーパーアリーナだと1／10くらいしか埋まらないな」とも思う（感慨のふけり方が妙だな）。

本書には、その16年間に少しずつつくってきた「政経」の授業の様子をいくつか紹介している。

「政経」の授業ではあるが、いずれも「教科書通り」からちょっと外れた内容になっている。勤務校は教育実験校的な面をもつ学校であり、また、知的好奇心の強い生徒が多いこともあって、幸いにしてこのような取り組みができた。

授業の「周辺」のことも書いた。

内容の半分ぐらいは、勤務校が毎年刊行する『研究紀要』に発表したものが下敷きになっており、主に教員が読むことを想定して書いていたので、文章に生硬な部分がある。ご容赦いただきたい。

また、授業後に法律が改正された場合など、既に行った授業の記録を書き換えるわけにはいかないので、注を入れた。

授業の記録は次のように書き表した（かつて「授業づくりネットワーク」という授業づくりを学び合う活動の中で学んだものだ）。授業の様子がうまく再現できるとよいのだが。

◉教員（私）の発言：——ではじめゴチック体で示す

例 **——じゃ、授業をはじめます。はい、弁当しまって数学の教科書しまって。**

◉生徒の発言：「　」で囲む

例 「先生、ロッカーにプリントとりに行っていいですか？」「うー眠い。」

◉ハンドアウト（授業プリント）の内容：　　で囲む

例

> 筑波大学附属高校２０１７年度「政治・経済」　No.1
>
> **法の考え方―契約書を作ってみる**

◉板書（黒板に書くこと）の内容：▭で囲む

例

字が汚いので板書はあまりしません。

◉生徒がハンドアウトやノートなどに書いた文章：▭で囲む

例

先生、黒板の字をもう少し丁寧に書いていただけませんか。

もくじ

1

最初の授業はハゲ談義

新年度最初の授業。

3年生だし、勤務校ではクラス替えもないため「ピーンと張りつめた」とまではいかないものの、静かである。

僕は3年生の授業しか担当しないので、授業開始前に僕を見知っている生徒は、部活動関係を中心にしてごくわずか。

当然、僕の方もほとんどの生徒を知らない。

担任交替無しで3年間持ち上がりのため、担任学年ですら、自分のクラス以外で顔が分かるのは、部活動、学年行事などで接触のあった20人程度である。そうでない学年なら数人レベル。

だから、最初の授業のために教室に赴く時はとてもとても緊張する。若い頃は「だんだん慣れてくるだろう」と思っていたのだが、とんでもない。むしろだんだんひどくなる。最近は、足が震えるくらいである。

似顔絵で爆笑を誘う

チャイムが鳴り、「起立・礼・着席」が終わると、クルッと後ろを向いて黒板に向かい絵を描き出す（図1～4）。

ざわざわしているクラスがあっても、だんだん「何を描いているんだ？」と注目するようになる。反応の早いクラスだと、顔半分とメガネの上の縁が終わったあたりで「似顔絵じゃない？」というささやきが聞こえてきたり「似てるー」とクスクス笑いが聞こえたり。

最後に目を入れて振り返り、

――こんな顔をしています。似てるでしょう。もう何十年も描いているから慣れたもんだ。

と言うと（笑ってもいいのか迷っていた生徒も含めて）笑いが起こる。

とどめに、ヒタイの部分を指して

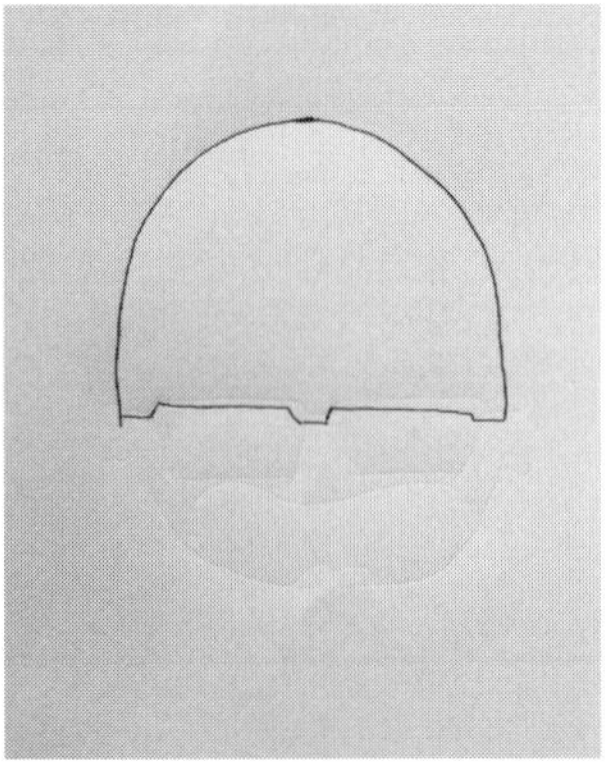

図1

図2

――ここがチャームポイントです。おでこが広い。

と言って爆笑を誘う。

――人は時に私をハゲと呼ぶが、私としては断固としてこれがヒタイであることを主張するものであります。

というとまたまた大爆笑（以下、笑いは省略）。

しつこくハゲ談義

――ものごとを主張するときには必ず根拠が必要です。

ここがヒタイだということについては根拠がちゃんとある。ハゲとヒタイの区別をどうやってつけるか知っていますか。

生徒に聞くが答えられるはずがない。そんなもの学校で習わない。

――指でつまめるところはヒタイ、つまめないとこ

図3

図4

ろはハゲだそうです。で、つまんでみると（とつまんでみせる）、私はここ（眉毛の上）もつまめるし、ここ（だんだん上に上がっていく）もつまめるし、ここ（頭頂部）だって頑張ればつまめるから、つまりここはヒタイなのです。

——もうひとつ根拠がある。

ずいぶん前に歯医者さんの待合室でソファに座っていたわけ。そうしたら、3、4歳の男の子がトコトコと僕の前にやってきて、僕の顔をじーっと見ている。子どもは可愛いよね。それで「こんにちは」と言ったら、その子は手をあげて僕の顔を指して「おでこ」って言う。だから「おでこだねえ」と返してやりました。そうしたらその子は続けて「でっかい」と言ったんだよね。

ほら、純真な子どもは真実を見抜くとか、よく言うじゃない。その子は、ここがハゲじゃなくおでこだということをちゃんと見抜いたわけだよ。

ところがね、その子が「でっかい」と言った途端、待合室の向こう側にいたその子のお母さんらしき女性が走り寄ってきて、その子を横抱きにして僕に「すみませんすみません」と言いながら去っていくんだよね。

——これが釈然としない。

その子が「ハゲ」と言ったんならこれは問題がある。間違ったことを言っているわけだから。でもその子は「おでこ」って言ったんだからね。よほどそのお母さんのところに行って「お宅のお子さん、何も間違ったこと言ってませんから。ちゃんと真実が分かっていますから」と誉めてやろうかと思ったけどやめました。

——ということで、ここはヒタイですから。テストに出します。「ここは何か」。ハゲとか書くとマイナス百万点。

ここまでが第1段階。

卒業生のエピソード

こういう与太話でも、勤務校ではいろいろと考える生徒がいる。

こんな生徒がいた。僕の問題の立て方が間違っているというのだ。彼の主張をまとめるとこうなる。

1　ヒタイとは「顔の上部の、眉と髪の生えぎわとの間」を指す。つまり「部位」を指す概念である。

2　ハゲとは、「毛髪がぬけ落ちた状態」を指す。こちらは「状態」。

3　熊田は「ヒタイかハゲか」という議論をしていたが、「部位」と「状態」とを対置させることはできないはずだ。

なるほど論理的だ。整理すれば**図5**のようになるか。

面白いので、次の年からは彼の主張も、板書しつつ紹介する。

――……つまり、ハゲかヒタイかではなく、「ハゲてるヒタイ」「ハゲてないヒタイ」「ハゲてるヒタイじゃないところ」「ハゲてないヒタイじゃないところ」があるということです。

うーん難しい。

別の学年では、すべての人がハゲていることを証明してくれた生徒もいた。これも後輩たちに伝える。

――彼女の証明はこうです。

ある人の髪の毛の本数をnとする。

(1) n＝1のとき、ある人はハゲである。

これは正しいですよね、サザエさんの波平さんのように髪の毛が1本しかない人はハゲでしょう。

――(2) n＝kのとき、ある人がハゲならば、n＝k＋1のときも、その人はハゲ。

これも正しいですよね。ハゲている人の頭に、髪の毛を1本つけ加えても、急にフサにならない。

以上、証明終わり。これでnがいかなる自然数の場合にも、その人がハゲとなりますよね。

【誤】　ヒタイ⇔ハゲ

【正】

	ヒタイ	非ヒタイ
ハゲ		
非ハゲ		

図5

こういう証明方法をなんて言うんだっけ？

「数学的帰納法」

――その通り。だから、あなたもハゲ、あなたもハゲ……。ちょっと調べたら、このタイプの証明って、古代ギリシア時代からあるようです。

――でも、この証明、あやしいですよね。「政経」で勉強してもらうことのひとつに、あやしい言説を見抜くことがあります。この「すべての人はハゲている理論」についても、ぜひどこがおかしいか考えてみてください。

「書道」選択の生徒で、「先生、僕、先生のために書いてきました」と恭しく持ってきてくれたので見たら「ハゲじゃない額だ　熊田先生のお言葉」と達筆で書かれていたこともあった。気に入ったので表装をして見せている（**図6**）。

ここまでが第2段階。

旧ソ連のトップは見事にハゲ・フサ・ハゲ・フサの順で交代していたとか、カツラは中世までのキリスト教会では忌避されていてカツラ着用者は破門されたらしいとか、「ハゲ」は差別語かというところから、差別語の「言い換え」

図6

と「政治的正しさ」について、そしてヘイトスピーチの話まですることもあるのだが、ここでは省略。

名前の話から選挙へ

ハゲ談義が終わったところで、ようやく自分の氏名を板書して、名前について講釈する。

――熊田亘といいます。

熊田の熊を「態」と書く人が時々いる。ちょっと悲しい。「態田」じゃないですから。亘はワタルと読みますけれど、これも「旦」と間違われることがある。年賀状に多いですね。元旦の旦だから。タイダタン……。

――実は、僕の名前は戸籍上は「亙」なんです。渡辺の「邊」や、沢田の「澤」の場合と同じです。この「亙」も珍しい字なので、よく間違われる。僕は大学1年の時に運転免許をとったんだけど、最初につくってくれた免許証の氏名欄がなんと「瓦」になってた。

――じゃ、ここでクイズ。僕が選挙に立候補したとします。「熊田亘、熊田亘をよろしくお願いいたします。熊田亘です」。これだけ名前を連呼しても、開票すると、色々な票が出てきちゃうんですよね。

と言い、次のように板書していく。

> くまだわたる　態田旦　熊田　熊ちゃん
> 熊田亘に一票（山田太郎）　熊田亘さん　熊田亘さん江

――この中で、有効投票になるのはどれとどれだと思いますか？　順に指していくから手を挙げてみてください。

投票は民主主義のための大事な制度であるから、有権者の意向を尊重するため、誰に投票しようとしたかの意思が明白ならばなるべく有効にすること、逆に投票の秘密を守るために、投票者の氏名以外に余計なことを書くと（これを「他事記載」という）無効になること、姓が同じ複数の候補者がいるのに姓だけ書いてある場合など、いずれの候補者に投票したか分からない場合は、それぞれの候補者の得票数に応じて比例配分する（「按分」という）ことがある……等々、説明していく。

生徒との関係をつくる

授業は、生徒と教師、生徒と生徒とのコミュニケーションだと思う。むろん、そのコミュニケーションは教育内容・教材を媒介とした三角形・四角形のものなのだが、基本はやはり人間同士のコミュニケーション。

そこで「先生は好きだけれど、授業は嫌い」「先生は嫌いだけれど、授業は好き」ということは果たしてあり得るだろうか。

大学生以上であれば、大学の教師・研究者自身に対する評価や好悪の感情と、その人の研究成果や教授内容を区別することは比較的容易かもしれない。そもそも、大教室で講義を聞くだけならば、大学の教師と学生が人格的に触れあうこと自体が稀だろう。

けれど、高校までは違う。「先生は好き、授業は嫌い」はあり得ても、「先生は嫌い、授業は好き」は成り立たないように思う。だから、生徒に媚びるつもりはないけれど、生徒との関係は良好にしておきたい。

どうやら僕は、生徒からとても怖そうに、真面目そうに、神経質そうに、堅物に見えるらしい（実際、怒りっぽいし、真面目で神経質で堅物だ）。

そのあたりのイメージを多少でも和らげておこうという苦肉の策が、この自己紹介なのだ。

ガイダンス

最初の授業の後半は、1年間のガイダンスである。教科通信を配り、それに沿って説明していく。

教科通信の最初の項目は「政経」を学ぶねらいで、次の3つを掲げている。

何のために「政治・経済」を？

（1）市民／主権者として必要な社会に関する基礎的知識あるいは「常識」を身につけ、一人前の市民／主権者として行動できるように。
（2）社会に対する多面的・批判的な「見方」と、論理的・実証的な「考え方」ができるように。
（3）小学校・中学校・高校10年間の社会科（公民科）の学習を総合すると同時に、大学での学習あるいは将来の研究への橋渡しとなるように。

——皆さんの中には「私は理系で、社会はセンター試験しか使わないし、それも『地理』に決めたし、『政経』いらないんだけど」という人もいるかもしれません。でもまあ、大人になるための勉強と思って頑張ってください。週にたった2時間だし。クラスで受ける授業も英語と「政経」ぐらいになるし。

——3年生は授業時数が少ないのが残念だけど、僕は3年生で皆さんに「政経」を教えられて良かったと思っています。というのは、社会科学って「オトナの学問」なんですよね。こう言うと理科の先生に怒られるかもしれないから小さい声で言うけど。

皆さんの中にも、昆虫採集大好きだったとか、天体望遠鏡で星を観察したとか、ＰＣ分解して遊んでいたとか、理科少年、理科少女だった人がいるでしょう。自然科学は子どもにもその魅力が分かるんです。

――でも、「近頃のEUの動きは～」とか「円安がこのまま進むと～」とか言う小学生っていないですよね。社会科学はオトナになって社会のことがある程度見えてこないと関心が持てない。

だから高校でも3年生に「政経」があるのがいいんです。

次は1年間の予定。おおまかなスケジュールを示してこう話す。

――「政経」の親学問は、法学、政治学、経済学の3つと言っていいでしょう。それらに関わる授業と、あと、僕は経営学的な内容も少し盛りこみます。なんだかんだ言って、皆さんの6割、7割は将来、ビジネスマン、ビジネスウーマンになるので。前半が、法律と政治、後半が経済と経営です。

――時間数が少ないこともあるので、ピンポイントで色々な話題を取りあげていきます。漫画でいうと「連載」じゃなくて「読み切り」。話題がどんどん変わっていくので頭をすばやく切り換えてください。

第3は、授業に関するお願い。

授業に関して

（1）講義と演習

僕の授業は、大きく講義と演習に分かれます。講義はきちんと聞きましょう。私語等で他の人に迷惑をかけないようにしてください。騒がしい場合には、イエロー・カード、レッド・カードが出ます。

演習には積極的に参加してください。

（2）授業ノートと教科通信『退屈』

（略）

（3）遅刻等

遅刻しないでください。遅刻した人は、授業が一区切りつき、僕が出席簿のチェックをするまで教室の後ろに立っていてもらいます。勝手に席に着いた人は欠課扱いのままです。授業中に携帯電話を鳴らした人も立ってもらいます。授業中の飲食は（当然ながら）禁止です。

（4）連絡方法

（略）

授業中にざわつきを押さえるための卓上ベル、イエロー・カード（滅多に使わない）、レッド・カード（今まで使ったことはない）などの小道具も見せる。

遅刻で後ろに立たされた後の着席の仕方についてこう言う。

——いいですか。遅刻は悪いことなのだから、偉そうに席に着かれては困ります。「ああ私は遅刻をして自分にとってもマイナスだし、先生やクラスの人にも迷惑をかけるし、本当に申し訳ない」という気持ちを全身からオーラのように漂わせて座ってください。でも、皆さんそういうオーラ出せないでしょう。だから、今から着席のしかたの見本を見せてあげます。１回しかやらないよ。

と言い、中腰になり、沈鬱な表情で、片手を顔の前に拝むように出し、すり足で歩くポーズをやってみせる（私はこれを丹羽健夫『悪問だらけの大学入試』（集英社）で学んだ）。そして、私の動きを見て爆笑している生徒に釘を刺す。

——いいね。遅刻したらこれからこのポーズだからね。嫌でしょう。嫌だったら遅刻しないこと。

最後は、成績のつけ方と書評レポートについて。成績については次のように書いた。

成績について

（1）評価

　相対評価を加味した絶対評価で行います。

　具体的には、授業をきちんと受けることを前提としたうえで、定期考査・授業中の小レポート・必修課題・自由課題の得点を合計し、以下の基準で成績をつけます。

前期：5…150点以上　4…130点～149点　3…100点～129点
　2…70点～99点　1…69点以下

学年：5…225点以上　4…195点～224点　3…150点～194点
　2…105点～149点　1…104点以下

ただし、

ア　必修課題が未提出の人には3以上はつきません。

イ　評価の分布が著しく低位に偏ってしまう場合には、次の範囲に収まるように調整する場合があります。

　5…20±20%　4…30±20%　3…30±20%　2…20±20%

ウ　学年の合計点が105点以上であっても、学年末考査で著しく悪い点の場合は、特別に課題を出すことがあります。

（以下略）

――評価は基本的に絶対評価です。ですのでクラス全員が5ということもあり得ます。定期考査や書評レポートなど、自分の得意なところで得点を積み上げていってください。評価基準を出しているので、自分で計算して「期末テストで○点とれば5になる」とか分かるはずです。その分、通知表をもらうときのドキドキはないですけど。

その後、「得点材料」となる、定期考査、授業中の小レポート、書評レポート、種々の企画への参加とレポート作成について説明していき、最初の授業は終了となる。

2

民法を学んでみようか

法律学は大学でも全然勉強しなかったし、教員になってからも「政経」や「現代社会」の授業で扱うのは憲法ばかりである。法教育の充実ということが言われて久しいが、そこでも民法や刑法など実定法を学ぶという発想はあまり見られない。

そんななかで、僕が「民法を授業で扱ってみたい」と考えたきっかけは、星野英一『民法のすすめ』（岩波書店）を読んだことにあった。

民法は市民社会の基本法

星野は、法・法律や私法（さらには私法の一般法である民法）について次のように述べる。

> 日本人が法や法律にあまり関心がない一つの原因は、高校までの課程で、憲法はともかく、あまり法・法律について教えられていないことにあろう。（p.５）
>
> 民法はまさに、このようなわが国の来るべき社会の基礎をなすものとして、「社会の constitution」である。（p.９）

このように、『民法』は私たちの日常生活のほとんど全面にわたって規律し、保護している。（p. 44）
私法の少なくとも憲法と並ぶ重要な意味の認識は、わが国では、例外はあったが、従来十分には気づかれていなかった。（p. 77）

市民社会を生きる人間として、市民社会の法である民法をきちんと学ぶべきだという著者の指摘はもっともだと思う。
また、僕が「政経」を教えている生徒の何割かは確実に法学部に進学する。法学部に進んだ卒業生に時間割を見せてもらったら、ケンミンケイ（憲法・民法・刑法）の講義が1年次からしっかり組み込まれていた。分厚い教科書も見せてもらって「いきなりこれで学ぶのはキツイだろうなあ」と感じる。だから、大学での法律学の学習に「軟着陸」できるような教育内容を考えてみたいとも思う。
そんなことが重なって、憲法だけに限定せず、法一般や民法や刑法についても少しずつ「政経」で扱うようになった。
とは言え、民法については素人なので
米倉明『プレップ民法 第3版増補版』（弘文堂）
道垣内弘人『ゼミナール民法入門』（日本経済新聞社）

の内容をフルに参考にして、売買契約を例に、民法の考え方の一端を生徒に知ってもらおうとハンドアウトをつくってみた。

契約を結ぶ

ハンドアウトの冒頭には、

「Aが、自分の所有している家を、Bに5千万円で売る」という場合などを例にして、売買の始まりから終わりまでの流れを追うことで、民法の考え方に触れてみよう。

と授業のねらいを示した。

授業中も「民法に関わる断片的な規定や概念を覚えることがこの授業の目的ではない。むしろ、それらの規定や概念の背景にある民法、法律の考え方を知ってもらいたい」ということは繰り返すようにした。

ハンドアウトは、【問1】から【問13】までの問で構成されている。

授業は、生徒に各問を投げかけ、「YES」または「NO」と予想してもらっては、正解を述べ、説明するという形ですすめていった。
例えば、ハンドアウトの【問1】の部分は、次の通りである。

【問1】 Aが「この家を5千万円で買ってくれ」と申込み、Bが「いいでしょう」と承諾した。これで売買契約は成立したと言えるか。

(YES)　NO

↓　売買契約は申込と承諾の合致で成立（民555）

↓　諾成契約

↓　契約が成立したことを証明するためには契約書があった方がよい。

⇕　要物契約（使用貸借契約等）

★契約が成立すると、契約当事者に債権・債務の関係が生じる。

AはBに対して：家を明け渡す等の債務を負い、代金支払を求める等の債権を持つ。

BはAに対して：代金を支払う等の債務を負い、家の引渡を求める等の債権を持つ。

生徒は、まず自分で予想を立てYESかNOかを丸で囲むようになっている（本書では正解を丸で囲んである）。

また、傍線を引いたところは、配布した時は空欄になっており、生徒は、僕が説明しながら板書していったものを写す。カッコ内は関連する条項である。

【問1】については、「口約束でも契約は契約」という知識を得ている生徒も多いようで（2年生で習う家庭科でも契約について扱っている）、だいたい「YES」と答えるようだ。

それでも

——皆さん、ここ数日で契約を結びましたか？

と尋ねると、多くの生徒が「?」という顔をする。

——結んでいるはずですよ。コンビニなどでこの数日に買い物を全然しなかった人は別として。

皆さんがコンビニでパンを買う時でも契約を結んでいるんです。

「これください」「100円です」というやりとりをした時点で契約の申込と承諾が合致したことになる。これで契約成立です。契約には契約書が必要ということではないです。うかつに口約束するのも考えものですよね。

ただ、あとでその契約の有無や内容でモメた時のことを考えると、契約書をつくっておいた方が良い[1]のです。

――物を売り買いする契約を売買契約といいます。

それから、売買契約では申込があって承諾があると契約が成立するので、こういうタイプの契約を諾成契約といいます。

と説明する。次のような話を付け加えることもある。

――「申込と承諾の合致」というと簡単そうでしょ。でも、たとえば手紙で交渉をしていて、「5千万円で買いませんか」という売り手の提案に対して「買いましょう」という返事を買い手が書いたという状況を考えてみます。

返事の手紙を書いた時点、ポストに投函した時点、売り手にその手紙が届いた時点のいつ契約が成立したとみるか、もし手紙を投函した後で心変わりをして「やっぱりやめます」と手紙を書いて速達で出したらどうかとか、いろいろな可能性を考えていくと「申込と承諾の合致」だって、一筋縄ではいかないですよね。そういうことも考えていくのが法律学。

1 ただし、保証契約（保証人や連帯保証人と債権者が結ぶ契約）については書面ですることが必要である。「保証人になってね」「いいよー」というわけにはいかないのだ。

法律の違いには意味がある

続いて、次のように尋ねる。

——こんな場合はどうでしょう。

午後になって急に雨が降ってきた時に、生徒部に傘を借りにくる人がいますよね（勤務校では、生徒部の部屋に置き傘があって生徒に貸し出している）。

昼休みに〇〇くんが「先生、帰りに傘借りたいんですけどいいですか」というので、先生が「いいよ」と言ったとする。

こういうタイプの契約を使用貸借契約と呼ぶんだけど、この場合は、実は、まだ契約は成立していないんです。だから、放課後〇〇くんが生徒部に来た時にその先生が「やっぱり貸せない」と言っても、契約を破ったことにはならないんです。まだ契約していないんだから。嫌な先生だとは思われるだろうけど（生徒笑う）。

この場合は、いつ契約が成立するかというと、傘を〇〇くんに渡した時点でようやく契約成立になる。こういった種類の契約を、諾成契約に対して、要物、物が必要という感じですね、要物契約と呼びます。

——そこで質問です。なぜ、売買契約は諾成契約で、使用貸借契約は要物契約なんだと思う？

この問はいささか難しい。

——売買契約と使用貸借契約とどこが違う?

——傘を貸す人にとって、諾成契約と要物契約で「やっぱりやめた」と言いやすいのはどっち?

とヒントを重ねていって

「ギブ・アンド・テイクになっているかどうかじゃない。」

「タダで借りるんだし。」

というような声が聞こえてくれば万歳である。

もちろん、高校生に諾成契約/要物契約、有償契約/無償契約、双務契約/片務契約の区別を知ってもらう必要はない。ただ、このような法律上の違いにも、その背景に理由があるのだということを示したいのである。そうでないと「なんだか法律ってややこしい」で終わってしまうだろうから。

契約の成立/不成立については、【問2】【問3】が続く。

【問2】高校生Aが親の同意なしに家の売却を申込み、成人Bが承諾した場合、この契約は成立するか。

YES　NO　↓　未成年は制限行為能力者　↓　契約の取消が可能
（民3、4、120）

【問3】Aが Cを殺したいと思っていて、Aの家をほしがっているBと「BがCを殺したら、Aは自分の家をBに売る」という契約を結んだ。この契約は有効か。

YES　NO　↓　公序良俗に反する契約は無効（民90）

――【問2】。高校生で自分で家を所有している人はあまりいないだろうけど、もしいたらYESですね。

だってこれがNOだったら、皆さん、コンビニで買い物できないじゃないですか。「このチョコください」「未成年ですよね。契約できません」では。

生徒は「そうか」という顔をする。

――でもね。このままだと悪い大人が未成年者を食い物にする心配がある。

と、続けて未成年者を保護するための条文があることを説明し、さらに、それだけでなく、未成年者が自分を成人と偽って契約を結ぶような場合を想定すると、未成年者と契約を結ぶ相手のことも法律は配慮しなければならないのだというような話をする。

『授業ノート』に、次のような質問があった。

契約を結んだとき未成年だったのが、成年になってからその契約を取り消すことは可能か。

こういう質問が出ると楽しい。ここで答えてもよいのだが、それではつまらないので「ぜひ調べてみてください。こういうふうにいろいろな可能性を考えるのが法律では大事」とコメントしておく。

また【問3】では、この民法90条は「伝家の宝刀」的な要素があって、男女雇用機会均等法がない時代に、男女で定年の異なる性差別的な雇用契約が、この条項に基づいて無効とされた例があることを紹介している。

契約を実行する

【問4】契約で定めた支払・明け渡しの日に、Bは現金5千万円を持参してAのところへ行ったら、Aが「債務を履行できない（まだ家を明け渡せない）が代金は支払ってほしい」と言う。Bは債務を履行する（持参した現金をAに支払う）べきか。

YES　（NO）　↓　同時履行の抗弁権（民533）

——皆さんが物を買う時には、契約の成立と履行、契約を実行することを履行といいます、がほぼ同時に起こります。

「これください」「100円です」で契約が成立して、皆さんがお金を払って商品を受けとると、これで契約が履行されたことになる。

——皆さんがコンビニ店員のアルバイトをしていて、商品を袋に入れて渡したら、お客さんが「じゃ、お金は明日持ってくるから」と言ったらどうしますか？

「ちょっと待ってください。それだったら商品渡せません」と言って取り返すでしょう。当然のことですけど、それをしていいというのが【問4】の答。

【問5】Bのところに、A名義の受取証書を持ったCが現れ、代金支払を求めたので、Bは受取証書と引き換えに家の代金を支払った。ところがCの持参した受取証書はAから盗まれたものだった。この時、BはAにもう一度代金を支払うべきか。

YES　（NO）　↓　Bが善意無過失の場合、Bは支払義務がない。（民480）

【問5】については、Bを銀行に、受取証書を預金通帳に置き換えて考えると「泥棒が、盗んだ預金通帳で銀行からお金を引き出してしまった。この時、預金通帳の本来の持ち主は、銀行に対して、預金を私に（も）払い戻せと言えるか」という問題になると説明する。それでようやく生徒に身近な話になる。

そのうえで

1　弱い立場の預金者のために、盗まれたり偽造されたりしたキャッシュカードについては、２００６年に施行された預金者保護法で、民法（４７８条）のルールを適用しないことになったこと

2　この法ができた経緯に見られるように、社会状況の変化に伴って「何が正義か」も変化する場合があること

を話す。なお２００８年からは、全国銀行協会が、盗難通帳ついても「損害預金者が負担を負う（払戻を受けられなくなる）ことはない」という自主ルールを定めている。

――ただし、忘れちゃうからと暗証番号をカードにマジックで書いておいたり、通帳と印鑑を一緒に保管しておいたりすると、全額払戻が受けられなかったり、一部しか戻らなかったりしますからね。

と注意を喚起する。生徒は「ありえねー」と笑っているが大丈夫か?

ちなみに、「善意」の法律的な意味（事実・事情を知らないこと）については、「法律特有

の言葉づかい」という授業で既に学んでいる。

【問6－1】Bは、Aとの売買契約を結ぶにあたって裕福な友人Cに保証人になってもらった。Aは、BよりCの方が代金の請求がしやすいので、Bより前にCに代金支払を求めた。CはAの請求に応じる義務があるか。

YES　NO　→　保証人は催告の抗弁権・検索の抗弁権を持つ。
（民452、453）

【問6－2】Bは、Aとの売買契約を結ぶにあたって裕福な友人Cに連帯保証人になってもらった。Aは、BよりCの方が代金の請求がしやすいので、Bより前にCに代金支払を求めた。CはAの請求に応じる義務があるか。

YES　NO　→　連帯保証人は催告の抗弁権・検索の抗弁権を持たない。
（民454）

【問6】でも催告の抗弁権、検索の抗弁権といった概念を覚えることは重要ではない。保証人と連帯保証人を引き受けることの重大さ、とりわけ連帯保証人のそれを知ってもらいたいと思う。こんなふうに話す。

——はい、ここから人生の教訓です。

（うつ伏せている生徒に）○○さん、顔を起こして。大事な話だから。

——連帯保証人になるっていうことは本当に大変なことですから。大げさに言えば、保証する相手と一緒に地獄に堕ちてもいいぐらいの関係の場合しか、連帯保証人にはならない方がいいと思いますよ。

誰かに連帯保証人になってほしい人は、どうしても借金しなくちゃならない事情があったり必死だから、もしかしたら「絶対に迷惑はかけないから。ちゃんと自分で払えるから。判子ひとつ押すだけだから。お願い」と迫ってくるかもしれない。でもそこで情に負けて判押しちゃったらダメだからね。

将来、皆さんが起業することになって、資金を借りるために「先生、連帯保証人になって」と言ってきても、悪いけど僕は断るからね。

——じゃあ保証人なら大丈夫かというとそうでもない。

と、以前、知人が頼まれて保証人の印をついたところ、借金をした本人が雲隠れしてしまい、債権者の厳しい催促を受けて、退職一歩手前まで追い込まれたという話をする。

こういったリアルな話に生徒は良く耳を傾ける。ただ、生徒の家庭の（経済）状況が見えないなかで、こういう生々しい実例を出すときには注意も必要だ。かつて、自宅が差し押さえられてしまったという生徒を教えたこともあるし、「うちのじいちゃんが連帯保証人になってさ……」と語り出した生徒もいる。「もしかすると、今教えている生徒の保護者のなかにも連帯保証人になって苦労している人がいるかもしれない」「それが原因で家庭が壊れかけたりしているかもしれない」ということは、授業をするときに頭の片隅に置いておいた方がいいだろう。

【問7】Aは、Bと家の売買契約を結んだ後、同じ家についてCとも売買契約を結んだ。Bの方が契約を結んだのが先なので、その家を自分のものだとCに主張できるか。

YES　(NO)　↓　不動産では、登記を先にした方が優先される。（民177）

⇕　動産の対抗要件は引渡（例外：自動車等）（民178）

登記の重要性も、生活の知恵として、高校生に是非とも知っておいてほしいことである。僕の住むマンションの登記簿抄本のコピーを回覧する。我が家の場合、連れ合いと僕とがそれぞれ「持分弐分の壱」で所有しているのだが、「先生の奥さんの名前って○○というんだ」など非本質的なことを発見しつつも、生徒は興味深く見ているようである。

　2010年春に、宮崎県の小学校の運動場に、パワーショベルを使ってミカンの苗木約130本を植えてしまった（！）男性がいた。その男性は校庭の所有権を主張していたこと、詳しい経緯は不明だけれど不動産登記上の問題があったらしいことなどを紹介する。

——こういう紛争が起こらないように登記はきちんしてくださいね。不動産屋さんを通さない、親戚間の土地の売買とか贈与とかのときには特に。

契約を守らないと……

【問8】Aは家をBに引き渡したが、Bは約束の日までに代金を支払わなかった。Aは、契約を「無かったこと」にすることができるか。
(YES)　NO　↓　債務不履行の場合、契約の解除が可能（民541）
【問9】Aは家をBに引き渡したが、Bは約束の日までに代金を支払わなかった。

AはBの債務を強制的に履行させることができるか。

YES　NO　→　債務不履行の場合、強制履行が可能（民414）

→　裁判所による強制執行：

差押え・競売・配当（民事執行法）

【問10】Bは約束の日までに代金を支払ったが、Aが家を明け渡すのが遅れたため、それまで住んでいたマンションの家賃が1か月分余計にかかった。Bはこの家賃分をAに請求できるか。

YES　NO　→　債務不履行の場合、損害賠償の請求が可能（民415）

【問8】～【問10】を説明してこう言う。

――皆さん、契約を守らないと、契約を無かったことにされて、しかも損害賠償請求されたり、強制的に契約を履行させられたうえに損害賠償請求されたりして、いいことひとつもないですから。契約は守りましょう。

【問11－1】Aは「隣の家にヤクザが引っ越してくる」というBの言葉に騙されて、あわてて家をBに売る契約を結んでしまった。この契約は取り消せるか。

YES　NO　↓　詐欺による意思表示は取消可能（民96）

【問11－2】右の状況で、もしAが契約を取り消す前に、Bが何も知らないCにこの家を転売し、Cの登記も済んでしまったとして、AはCに対して家を取り戻すよう求めることはできるか。

YES　**NO**　↓　善意の第三者に対抗できない（民96）

【問12－1】Aは「この家を売らないとぶつぞ」とBから脅かされて、家をBに売る契約を結んでしまった。この契約は取り消せるか。

YES　NO　↓　強迫による意思表示は取消可能（民96）

【問12－2】右の状況で、もしAが契約を取り消す前に、Bが何も知らないCにこの家を転売し、Cの登記も済んでしまったとして、AはCに対して家を取り戻すよう求めることはできるか。

YES　NO　↓　善意の第三者に対抗できる（民96）

【問11】【問12】でも、詐欺による意思表示と強迫による意思表示の扱いの違いを知ること自体よりも、それを通じて

1　民法では、しばしば「私」と「あなた」と「第三者」との「三角関係」が問題になること

2　法的な扱いの違いの背景に人間観や正義観があることを示したい。

この場合であれば、民法は「脅しも騙しも悪い。ただ、脅しに逆らうのは難しいが、騙されるのは騙される方にも問題がある」と考えているのだろうというように話す。ささいなことだが、【問12－1】では「ぶつぞ」という表現が「カワイイ」と笑いの種になる。教室がちょっと和む瞬間である。

さて、この授業の最後は、民法全体を貫く精神について少しだけ。

【問13】「Aの家を買いたい」というBに対して、Aが喜んで売るようなことを言っていたので、Bもそのつもりで資金を借りるなど準備をしていた。ところが、いざ契約を結ぼうとしたらAが断った。契約前だということで、BはAに対して何の償いも求めることができないのだろうか。

YES　NO　↓　信義則上の注意義務（民1）

「法律というものは杓子定規で、裏返せば、法律に書いてなければ（明文で具体的に禁じられていなければ）何をやってもいいのだ」という感覚を抱く生徒が時々いる。なまじっか少し法律をかじった生徒に多いようだ。

【問13】の答は、具体的な状況によって左右されるだろうが、授業では次のような例を挙げた。

――部活動にきて、「内定が決まった！　これで就活も終わり！」と話している先輩がいるでしょう（勤務校では卒業生が部活動によく顔を出してくれる）。就職するということは、法律上は会社と労働契約を結ぶことです。契約ですから、会社がクビにする、つまりその契約を解約することは簡単にはできません。きちんとした理由や手続が必要。

――それでは「内定」の場合はどうでしょう。「内定取り消し」という言葉を聞いたことがあるでしょう。あれはどうなのか。

これについても、大学４年生が卒業とともに採用されるような場合、「内定」の期間でも、労働契約が成立していると裁判所は判断しています。だから「内定取り消し」も会社の都合で勝手にやるわけにはいけません。

ただ、注意してほしいのは、内定というのは普通、就職する半年前、10月１日頃に行われる内定式に出席して、内定通知書をもらったりした後のことを指します。

だから、大学４年の春に「内定が決まった！」と先輩が言っているのは、正確には「内々定」というものです。

――それじゃ、内定からさらに遡って、この内々定の時期はどうなのか。

これについては、内々定の具体的なあり方によって違うようですが、労働契約を結んだとまでは言えないこともあるわけです。

ややこしくなるので板書する。

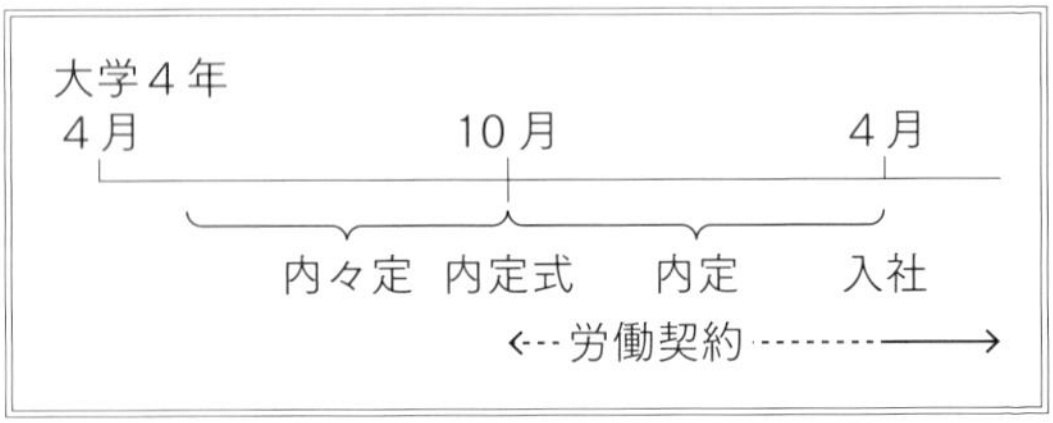

――それなら、内々定を取り消すのは問題ないのかということになりますよね。

――こういう事件がありました。

２００８年春に、ある大学生がある会社から内々定をもらった。その会社は10月２日に内定通知書を渡すと言っていたのが、９月29日、つまり内定２日前になって内々定を取り消したという事件です。

――これについて、裁判所は、信義則違反で違法として、大学生の損害賠償請求を認めました。こういうときに民法の第１条が登場するんですね。

3

民法の雑学

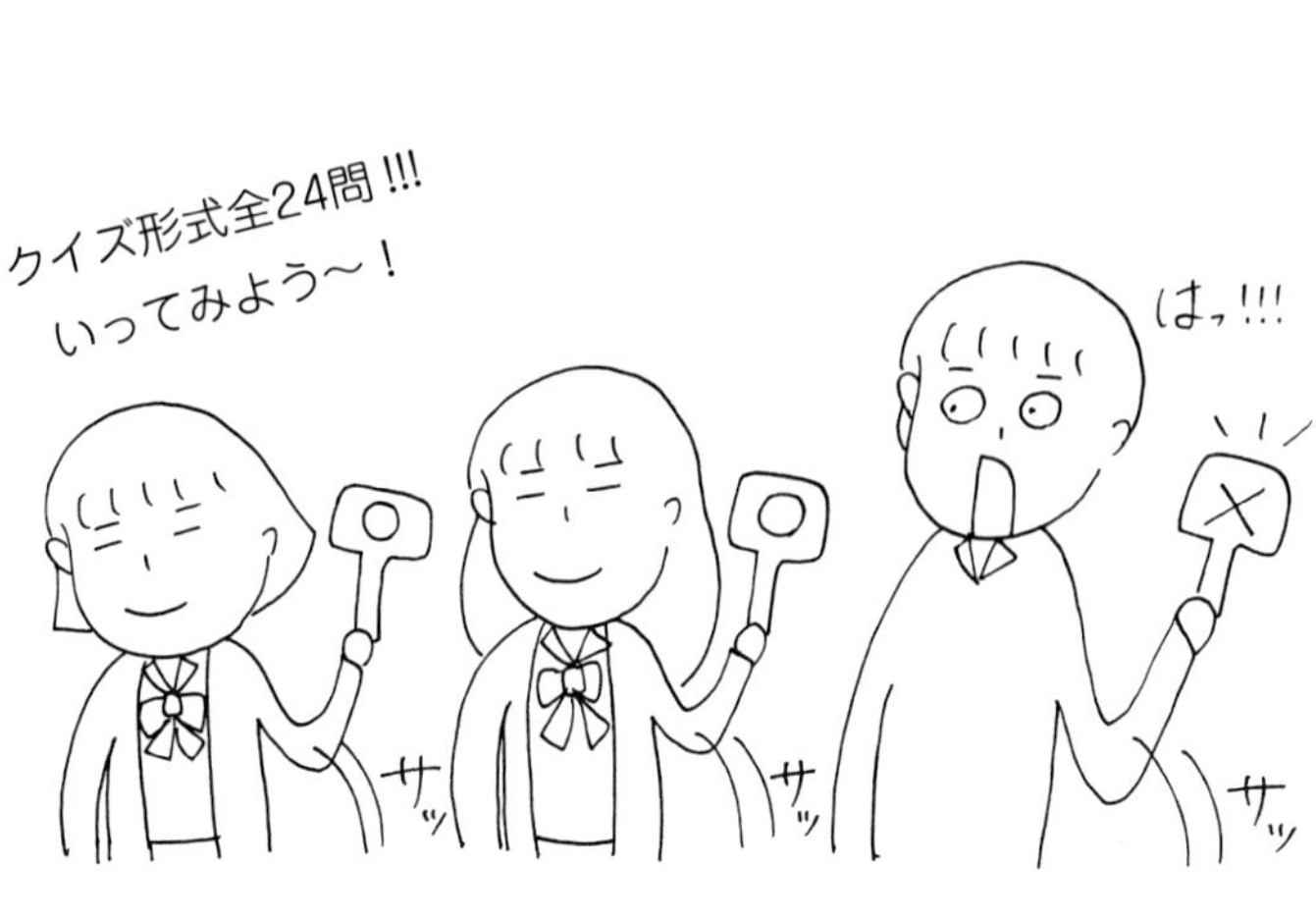
クイズ形式全24問!!!
いってみよう〜!
はっ!!!
サッ
サッ
サッ

前の章で紹介した「民法の考え方」の授業では契約だけを扱っているので、物権・親族・相続に関する内容も入れてハンドアウトをつくった[1]。生徒が好きなクイズ形式。全24問。

条文を参照して判断させたいところだが、民法典を人数分、印刷するのは不可能である。いずれ生徒に1台ずつタブレット端末を持たせられれば、そういう授業も可能だろう。

○か×で答えてもらう

（1）庭付きの土地を売っても、庭に置いてあった庭石は別だから取り去って他の人に売ってよい。（民87）

（2）ホテルの宿泊費を支払わず、ホテル側も請求しないままに1年が過ぎた場合、時効になるので支払わなくてもよい。（民174）

（3）自分の土地の周囲の土地をすべてAが買い占めてしまったため、公道に出るためにはAの土地を通る必要がある。ところがAが通してくれないので、Aの土地の一部を買い取らなければならない。（民210）

（4）隣家の庭の木の枝が、境界線を越えて自分の敷地の上に繁ってきても、勝手に切ることはできない。（民233）

（5）会社が銀行からの借金1億円を抱えて倒産した。また、従業員に対する給料の未払い分が2千万円あり、総額1億2千万円となる。一方、会社の資産を売却しても6千万円、つまり会社が支払うべき総額の半分にしかならない。この場合、従業員が受け取れる金額は1千万円となる。（民303、306）

（6）ある品を売る約束をし、手付金1万円を受け取ったが、売るのが惜しくなった場合、2万円を払って約束を取り消すことができる。（民557）

（7）溺れている人を助けようと川に飛び込んだ人は、そのために服が破損してしまった場合、その費用を助けた相手に請求できる。（民702）

（8）裏口入学のために仲介者に金を支払ったが不合格だった。支払った金の返還を請求できる。（民90、708）

1 民法は２０１７年に大きく改正された（一部を除き２０２０年４月から施行）。そのため、このハンドアウトの正誤も変わる（例えば（２））。

（9）犬をつれて散歩していたら、通りがかりの人に犬が吠え、驚いた相手が転んでケガをしてしまったため、買い主として損害賠償金を支払わなければならない。（民718）
（10）未成年者が結婚する場合には、両親のいずれかの同意を得ればよい。（民737）
（11）配偶者が死亡した後に、結婚時に変えた姓を元の姓に戻すことはできない。（民751）
（12）未成年者が結婚・離婚し、さらに再婚する場合には両親の同意を得る必要はない。（民753）
（13）浮気をするなどして夫婦関係を破壊した側からの離婚請求は認められない。（民770）
（14）配偶者が精神障害で入院し、回復の見込みがないという理由では、離婚請求は認められない。（民770）
（15）たとえ妻が浮気によって妊娠したとしても、婚姻中に妊娠した子は、夫の子とされる。（民772）
（16）妻の妊娠中に夫が死亡した場合、胎児にも相続権がある。（民886）
（17）祖父Aが死去し、その子BがAに先だって死去していた場合、Bの子（Aの

孫）は相続権がない。（民８８７）
(18) 配偶者と長男・次男が相続人の場合、長男の相続分は１／４である。（民９００）
(19) 配偶者と父・母が相続人の場合、父の相続分は１／６である。（民９００）
(20) 配偶者と兄・姉が相続人の場合、兄の相続分は１／８である。（民９００）
(21) 借金を抱えて被相続人が死去した場合など、相続人は相続を放棄できる。（民９１５）
(22) 自分でワープロ書きでつくった遺言（いごん）は無効である。（民９６８）
(23) 被相続人の遺言が発見された場合、相続人はただちに開封して中身を確認しなければならない。（民１００５）
(24) 遺言によって、親不孝な子にまったく相続させないことができる。（民１０２８）

正解は次の通りである。

(1)× (2)○ (3)× (4)○ (5)× (6)○ (7)○ (8)×
(9)○ (10)○ (11)× (12)○ (13)△ (14)× (15)○ (16)○
(17)× (18)○ (19)○ (20)○ (21)○ (22)○ (23)× (24)×

いくつかのコメント

「興味がある人はやってごらん」と配布して（あとで正解も配って）終わりにすることもあるし、正解を確認しながらコメントすることもある。

僕のように6クラス教えていると、祝日の曜日や学期の始まりや終わり、学校行事などによって授業時数にどうしても多い少ないが出てしまう。そういうときの「バッファー」としてこのハンドアウトを利用している。

余裕があるときは次のような話をする。

（1）で生徒が「○」と答えたら

――あなたが家を買ったとするじゃない。引き渡しのときに見に行ったら、畳はない襖はない屋根瓦はない、それで売り主に文句を言ったら「家を売るとは言ったが、畳を売るとは言っていない」と開き直られたら？

と突っ込むと「あ、そうか」となる。

（2）の消滅時効については

――ここでは「ホテル側も請求しないままに」というところが大事だから。請求はしているのに、「そのうち払う」とのらりくらりと誤魔化して、1年経ったら「時効だラッキー」ということじゃないから。

と確認したうえで、時効の考え方や、「権利の上に眠るものは保護に値せず」という法にまつわる箴言もあわせて紹介する。そうすると、国語科で学んだ丸山眞男『「である」ことと「する」こと』を思い出す生徒がいる。素晴らしい。

（4）は相隣関係。

——隣の家の柿の木が塀を越えて枝を伸ばして実をつけても、もいで食べちゃダメです。でも、隣家の竹林から地下茎が伸びて、タケノコが生えてきたのは掘ってもいいんです。

と話すとほとんどの生徒は面白がるが、以前、隣家の竹林由来のタケノコが切っても切っても床下に生えてきて非常に迷惑しているという生徒がいた。

（5）は「債権者平等の原則」とその例外である先取特権の話。賃金をもらえない従業員のような社会的弱者を民法が守ろうとしているという点に重きを置いて説明する。

（7）と（8）では、法律が人の行動にどういう影響を与えるかを考えてもらう。

——（7）はどう？　これが×だとすると（請求できないとすると）、人を救おうという行為にブレーキをかけることにならない？

——（8）は逆。これが○だとすると、裏口入学そのものが悪いことだということが曖昧にならない？

（12）は成年擬制について。

——結婚したら成人扱いになって、離婚したら未成年に戻ってということだと、その人が家を借りる契約をしていたりしたら家主も困りますよね。

と言うと納得する。さらに、この「大人扱い」は私法上のものなので（私法・公法の区別はすでに教えている）次のように付け加える。

――酒・タバコもＯＫ、ではないよ。18歳未満なら選挙権も無いままだし。

（13）の有責配偶者からの離婚請求については、かつては認めていなかったものが、厳しい条件付きながらも認める方向に変わってきている。その説明をする時に「踏んだり蹴ったり判決」を紹介すると生徒は笑う。法律や判決の謹厳実直なイメージと「踏んだり蹴ったり」という日常語のズレによるものだろう。

（16）以降の相続については、家庭科でも扱っているのでサッと流す。

この授業について『授業ノート』に次のような感想を書いた生徒がいる。

> 「民法の雑学」では、自分が知らないものは、「もし、これがダメだったら」という場合を考えて、その場合に何か問題が起きるようなら、「これは正しいんだな」と判断していったら、かなり正解できた。

こういうセンスを育てたいものである。

4

刑法を学んでみようか

犯罪の成立には３つのステップを考えるんだよ。

刑法についても、民法と同様に、その考え方を紹介するようなハンドアウトをつくって授業をしてみた。

犯罪が成立するまでの流れ

「AがBを殺す」という場合などを例に、Aについて、どのような場合に殺人罪などが成立するのか考えてみよう。

1　考える筋道

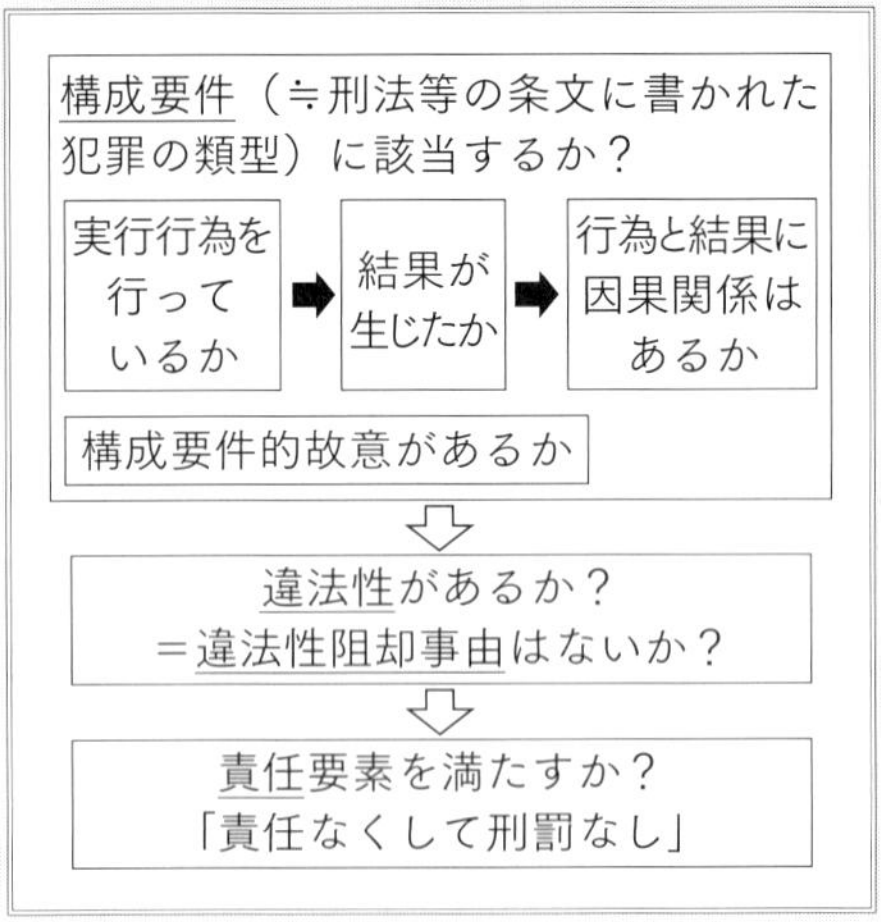
構成要件（≒刑法等の条文に書かれた犯罪の類型）に該当するか？
実行行為を行っているか
結果が生じたか
行為と結果に因果関係はあるか
構成要件的故意があるか
違法性があるか？
＝違法性阻却事由はないか？
責任要素を満たすか？
「責任なくして刑罰なし」

ハンドアウトの最初の部分は右の通りで、構成要件・違法性・責任要素の順のフローチャートになっている（アンダーラインの部分は、生徒が講義を聞いて埋める）。

――人を罪に問う、人を罰するってとんでもないことですよね。死刑にしちゃったり、刑務所に何年も閉じこめたり。

だから「お前は犯罪者だ」として罰するためには、慎重に、丁寧に考えなければなりません。

その流れがハンドアウトに書かれています。大きなステップが３つあることがわかりますか。

構成要件、違法性、責任要素の３つです。

――人を罪に問えるか、犯罪が成立するかを考える最初のステップが構成要件。

殺人罪であれば「人を殺した」というのが構成要件です。

「人を殺したかどうかなんて一目瞭然じゃないか」と思うかもしれないけれど、そうでもない。例えば、胎児を殺したのは殺人なのか。脳死の状態の人の心臓にナイフを刺したらどうか。うっかり事故で人を死なせてしまったらどうかとか、そういう問題が色々出てくる。

――構成要件を満たしたとして、次に考えなければいけないのが違法性というステップです。

もちろん人を殺すのは普通、違法なことなんですけど、人を殺しても罪に問われないことがある。どういう場合か知ってる？

と尋ねると、刑事ドラマなどでもよく登場するからだろう、

「正当防衛」

とつぶやく生徒がいる。

――そうですね。相手が殺そうとして殴りかかってきたのに反撃して相手を殺しちゃった。この場合、殺人罪の構成要件は満たしているけれど違法性が無くなる。違法性がなくなることを違法性が阻却されると言います。違法性が阻却されることは滅多にないので、このステップで考えるのは、違法性が阻却されるような事情や理由―違法性阻却事由と言います―があるかどうかチェックするということになります。

ほら、僕の授業では、遅刻をすると教室の後ろにしばらく立たされるけれど、電車の遅延証明書を持ってくればそうしなくてもよい。それは、遅刻の違法性―というと大げさだけど―が阻却されるということです。

――構成要件は満たした、違法性阻却事由もないとなると3つ目のステップに進みます。責任要素と言います。

――近代国家はどこでもそうですが、人を罰するためには、その人の責任を問える、「あなた悪いことしたんでしょう。責任を負いなさいよ。罰を受けて償いなさいよ」と言える、ということが前提になるんです。

――近代以前だとそうじゃないこともあります。「世界史」でやったかもしれないけれど、中世ヨーロッパには動物裁判というものがありました。例えば、人を蹴ってケガさせた馬を裁判にかけるとか。

「お前が悪い！」と馬を責めても通じないですよね。それでも裁判にかけて罰してしまう。

中世フランスで、ブドウ畑を荒らす毛虫が裁判にかけられたが出頭せず（間に合わなかったのかもしれない）、欠席裁判で破門の判決を受けたという話をすると生徒は大笑いする。

犯罪の実行行為とは

これ以降は、クイズ形式になる。ハンドアウトの内容とともに、授業の断片をスケッチしてみよう。

2　構成要件に該当するか？

（1）**実行行為**を行っているか？

【問1】Bを呪い殺そうとして、毎晩、丑の刻参りをすることは実行行為と言えるか？

はい　（いいえ）　↓　不能犯（＝法益侵害の現実的危険性がない）

【問2－1】親Aが赤ん坊Bにミルクをわざと与えないことは殺人の実行行為と言

えるか？

はい　いいえ　↓　不作為犯

【問2－2】泳げない親Aが、台風後、増水した濁流に飲み込まれた息子Bを助けないことは殺人の実行行為と言えるか？

はい　いいえ　↓　作為義務はあるが、作為可能性がない。

――【問1】です。「丑の刻参り」って知っている？

「あの、藁人形を……」

知らない生徒は首を傾げるが、妙に詳しく知っている生徒もいる。

そこで「丑の刻参り」の正式な（？）やり方（白い着物を着るとか、頭に五徳をかぶってロウソクを立てるとか、藁人形に釘を刺すとか、丑の刻とはいつ頃かとか）を図入りで伝授する（図1）。その上で

――それでこうやって呪ったら、相手が死んでしまったとします。

その途端に後悔した呪い手が警察に自首した。「すみません、人を殺してしまいました」「ど

うやって?」「丑の刻参りで」……警察はどうしますか?

「相手にしない」

――でしょうね。「なに馬鹿なこと言ってるの」と追い返されそうですね。

――このように殺そうとしている、あるいは殺したと思っていても、実際にはそれでは殺せないような行為、犯罪を犯したつもりでも、その結果を発生させられない、結果が発生する危険もないものを「不能犯」と呼びます。マンガの『デス・ノート』もそうですね。殺したい人の名前をノートに書いても、殺人罪にはならない。

その後、実際にあった、夫に硫黄を盛って殺そうとした事件を紹介する。

――【問2―1】です。これはどう?

殺人?

「殺人……だと思う。」

――そうですね。ここで注意してほしいのは、何かをしたのではなくて何かをしなかったことが犯罪になる場合がある、ということです。こういうタイ

図1

プの犯罪を「不作為犯」と呼んでいます。

――例えば、人の家に勝手に入ると住居侵入罪という罪に問われます。皆さんはもちろん、迎え入れてくれる。

では、僕が皆さんの家に家庭訪問に行ったとしましょう。皆さんはもちろん、迎え入れてくれる。ところがなかなか帰ろうとしない。「先生、もう夜遅いから帰ってくださいよ」と言っても「もうちょっと。夕飯も近いし」とか言って帰らない。

これはどうか。不法に侵入したわけじゃない。ただ、帰るということをしない。これは不退去罪と呼ばれます。これも不作為犯の一種です。

――【問2－2】はどうでしょう。

普通の犯罪がした人を限定しやすいのに対して、不作為犯では、何かをしなかった人がすごくたくさん出てしまう可能性がある。例えば、道に人が倒れていて、通行人が皆、気になりながらも放置して通り過ぎていったら、その人が死んでしまった。通行人全員、助けなかったということで罪に問うわけにはいかないでしょう。

そこで、不作為犯については、本来するべき人がしなかったという形に限定して考えます。

例えば、交通事故で人をはねた運転手は、はねた相手を病院に運ぶ義務がある、あるいは一緒に酒を飲んでいた人は泥酔した人を介抱する義務がある、だからそれをしなかった場合には不作為の罪に問われる、そんなふうに考えます。「作為義務」があるか無いかと言います。

――【問2－2】については、もう1つ考えなければならないポイントがある。

何かをすべきなのにできない場合をどう考えるか。【問2－2】で言えば、「おまえ親なんだろう、親なら自分の命に替えても子どもを救え」とは法律は命令できない。法律はできないことは要求しないんです。このことを「作為可能性」があるか無いかというように言います。

【問3】何も知らない子どもCに毒を渡し「これはBの体に良い薬なのでBのジュースに入れて飲ませなさい」と命じることは実行行為と言えるか？

（はい）　いいえ　→　間接正犯

【問4】暴力団組長のAと部下Cとが「Bを殺そう」と謀って、Cがそれを実行した場合、Aのしたことは実行行為と言えるか？

（はい）　いいえ　→　共謀共同正犯

――【問3】、こういう人を罰しないわけにはいかないですよね、たとえ自分で直接手を下していなくても。他の人をいわば道具のように使って人を殺している。「自分が人を殺したんじゃない、このピストルが殺したんだ」とは言えないのと同じだと考えていいでしょう。

これは「間接正犯」。

——【問4】は、みんなで悪いことをしようと相談して、そのうちの一部の人が犯罪を実行した場合です。実行しなかった人をどう考えるか。

日本では「共謀共同正犯」と言って、そういう場合、相談しただけで実行しなかった人も、実行した人と同じように扱うことがあります。ただ、これについて、実行した人と区別すべきだという意見も強くて、刑法の世界で激しい意見対立があるようです。[1]

因果関係と故意

(2) **結果**が生じたか？

(3) 実行行為と結果の間に**因果関係**があるか？

【問5－1】AがBを銃撃し、Aの銃撃は外れたのだが、それを避けようと飛びのいた拍子にBが崖から落ちて死亡した場合、Aの行為とBの死という結果の間に因果関係があると言えるか？

（はい）　いいえ

↓

条件関係

【問5-2】Aの銃撃でケガをしたBが病院に運ばれた直後、その病院の屋根が崩れてBが圧死した場合、Aの行為とBの死という結果の間に因果関係があると言えるか？

はい　（いいえ）　→　条件関係は満たしているが、相当因果関係を満たしていない。

――例えばAがピストルを撃った、Bが死ぬという結果も生じた。そこで次に考えなければいけないのは、「Aがピストルを撃ったからBが死んだ」と言えるかということなんです。「そんなの分かりきっている」と思う人は【問5-1】を見てください。AがBを追いかけていって、断崖絶壁の端で「もう逃げられないぜ」とか言ってピストルを撃ったその瞬間に、Bがハッと飛び上がって弾は外れたんだけれど、ちょっと後ろに飛んだものだからBは崖から落ちて死んでしまった……。お間抜けですね。

1 なお、犯罪の実行以前の共謀の段階での処罰に関連して、2017年に、組織犯罪処罰法が改正され、テロ等準備罪（共謀罪）が新設された。

Aは「オレの弾は当たってない。オレのせいでBが死んだんじゃない」と言い張るかもしれないですよね。

板書しながら説明する。

「Xがなかった」⇩「Yが起こらなかった」と言える。

⬅

「X⇩Y」の因果関係を認める。

――Aがピストルを撃たなかったらどうかと考えます。

普通、なにもないときに人は飛び上がったりしませんから、Aがピストルを撃たなければ、Bは飛び上がることもなかっただろう。とすればBが崖から落ちることはなかったし、死ぬこともなかっただろう。

こういうふうに、「Xという行為がなければ、この場合、Aがピストルで撃たなかったならば、Y、つまりBの死という結果も起こらなかった」ということが言えることを、「条件関係」が成立していると言い、その場合にはXとYの間に因果関係を認める、というように考えます。だから、弾は当たらなくてもAが殺したということになる。

――ところが、条件関係が成立していたら、いつも因果関係を認めてしまうと、問題が生じる。それが【問5－2】です。

この場合、Aが銃撃しなければ、Bはケガして病院に行くことはなかった、とすれば屋根に押し潰されて死ぬこともなかった。つまり、Aの銃撃とBの死の間には条件関係が成立している。

でも、これだと、因果関係がきり無く連なっていきますよね。「私が今こうなったのは、10年前のあなたのあの一言のせいだ」とかそんなふうに。

ここから相当因果関係という考え方を紹介し、「日本史」で学んだはずの浜口雄幸の死につなげていく。

（4）**構成要件的故意**があるか？（実行行為・結果・因果関係を認容していたか？）

【問6】Aが、ケガをさせようと思ってピストルの引き金を引いたら、当たり所が悪くてBが死んでしまった場合、殺人について構成要件的故意があると言えるか？

はい　（いいえ）　↓　傷害致死罪

【問7】「Bに当たって死ぬかもしれないけれど、それでもかまわない」と思い、Bの隣の犬をねらい引き金を引いたら、案の定Bに当たって死んでしまった場合、構成要件的故意があると言えるか？

（はい）　いいえ　→　未必の故意

【問8】Cを殺そうと思って、Cだと思った相手を殺したら、それは別人のBだった場合、構成要件的故意があると言えるか？

（はい）　いいえ　→　客体の錯誤

——じゃ、次は【問6】。【問6】はこんな場合。

相手にけがをさせようと、足を狙ってピストルで撃った。ところがその瞬間に、撃たれるのを避けようと思った相手がサッと身を伏せたため、逆に頭に当たって死んでしまった。アホですね。こんな場合はどうでしょう。

思ったより「はい」と答える生徒が多いようだ。

——刑法では、殺そうとして殺した場合と、ケガをさせようとしたら相手が死んでしまった場合をはっきり分けます。殺意があったとか無かったとかいうやつですね。殺意が無かった場合は「傷害致死罪」ということになります。

たいていは、殺人罪より傷害致死罪の方が罰が軽い。だから、時には「殺すつもりはなかった」と嘘をつく被告人もいるわけじゃない。そこは事実の認定になるけれど。

——3月に、希望する2年生を連れて、裁判傍聴と合わせて、弁護士さんに話を聞きにいっているのだけど、その時に、皆さんの先輩で「殺意の認定ってどうやってするんですか」という鋭い質問をした人がいました。

それに対して、その時対応してくださった弁護士さんは、「例えば、ピストルとかナイフで撃ったとか刺したとかの場合には、それが膝より上、両肩より内側だったら、加害者がいくら『殺すつもりは無かった』と言ってもダメ（殺意があったとされる）です」と言っていましたね。

厳密には、ピストルとナイフでも、撃った／刺した場合の殺意の認定の仕方には違いがあるらしい。

——故意もいろいろと分類されていて、今、校舎の3階から下を見たら人がいっぱい歩いている。「ここから机を投げ落としたら、誰かに当たって死んじゃうかもしれないな。でもいいや。やってみよう」と思って投げ落としたら、予想通り死んでしまった。これは「殺してやる」というはっきりとした殺意とちょっと違うので、こういうのを「未必の故意」と言います。

「未必の故意」って、初めて耳にするとこう聞こえない？

~~密室の恋~~　未必の故意

――「密室の恋で人が死んだ」とか聞くと何だろうかと思うけど、違います。未必の故意。

違法性

3　違法性阻却事由がないか？

（1）正当行為でないか？

【問9】警官Aが泥棒Bを捕まえようとタックルしてケガをさせた場合、違法性は阻却されるか？

（はい）　いいえ　→　法令行為

【問10】ボクシングの試合で選手Aが、相手選手Bを殴ってケガをさせた場合、違法性は阻却されるか？

はい　いいえ　→　正当業務行為

（2）**緊急行為**でないか？

【問11】Bが殴りかかってきたので、殴り返したら相手が死亡してしまった場合、違法性は阻却されるか？

はい　いいえ　→　正当防衛

【問12】Bが殴りかかってきたので、包丁を持ち出して刺し殺した場合、違法性は阻却されるか？

はい　いいえ　→　過剰防衛…任意的減免に

【問13】Cが襲いかかってきたので、逃げようとして、隣にいたBを突き飛ばして死亡させてしまった場合、違法性は阻却されるか？

はい　いいえ　→　緊急避難

――【問９】はもちろん違法性が阻却されますよね。

Ａが泥棒を逮捕した途端、同僚のＣが「今、お前ケガをさせたな。傷害罪で現行犯逮捕する」って言ったら笑えますよね。

あるいは、燃えさかる家の中に人がいる！　消防士がドアを蹴破って飛び込んだら、中にお巡りさんがいて「住居侵入で逮捕する」とか。

【問10】では「人の体を切ったり、睡眠薬を飲ませたりしても犯罪に問われない人がいるでしょう?」と、正当業務の例として医師の医療を挙げることもある。

正当防衛・過剰防衛のところで、時間があると誤想過剰防衛のケースである「勘違い騎士道事件」に触れたりもする。

責任要素

4　責任要素を満たすか？（＝非難可能性があるか？）

（1）責任能力があったか？

【問14】統合失調症でものごとの是非が分からない状態のＡがＢを殺してしまった場合、責任能力はあるか？

はい　いいえ　↓　心神喪失…責任阻却　心神耗弱…必要的減免に

【問15】小学生AがBを殺した場合、責任能力はあるか？

はい　いいえ　↓　刑事未成年（14歳未満）

【問16】Aが、自分が酒乱であることを知りながら、わざと酒を大量に飲みBのところに行き、泥酔した状態でBを殺してしまった場合、責任能力はあるか？

はい　いいえ　↓　「原因において自由な行為」という考え方

（2）**責任故意**があったか？

【問17】Bを殺すことが世のため人のためになると思いこんでBを殺した場合、責任故意があったと言えるか？

はい　いいえ　↓　確信犯…違法性の意識の可能性

【問14】については「ニュースでも「責任能力の有無云々」という形でよく取りあげられるので生徒の耳には馴染みがあるようだ。

【問15】で、14歳未満だと刑事罰を科すことがないという話をした時に「もうダメじゃん」と呟いた生徒がいた。何がダメなんだろう……。

【問17】では、「確信犯」という言葉の意味が、日常的な使い方と刑法の世界での使い方で異なっていることを話す。

――クラスで遅刻をしょっちゅうしている生徒がいるとします。その生徒が今朝もいない。そういうときに「あいつは確信犯だからな」とか言ったりしませんか。この場合は、「あいつは遅刻が悪いことと知りつつ、やっている」という意味あいでしょう。でも、刑法の世界で確信犯という言葉を使うときはそうじゃないんです。「遅刻をすることは正しいことだ」と信じて遅刻をしたら、なんと遅刻はいけないことだった！　というのが確信犯。

まとめ。

――刑法の議論は細かいなあと思った人がいるかもしれません。授業の最初でも言いましたが、人を罰するためには、このくらい厳密に考えていく必要があるのです。

「うーん、なんとなく悪そうだから死刑！」と死刑にされたら皆さんも嫌でしょう？

5

犯罪と刑罰を考える

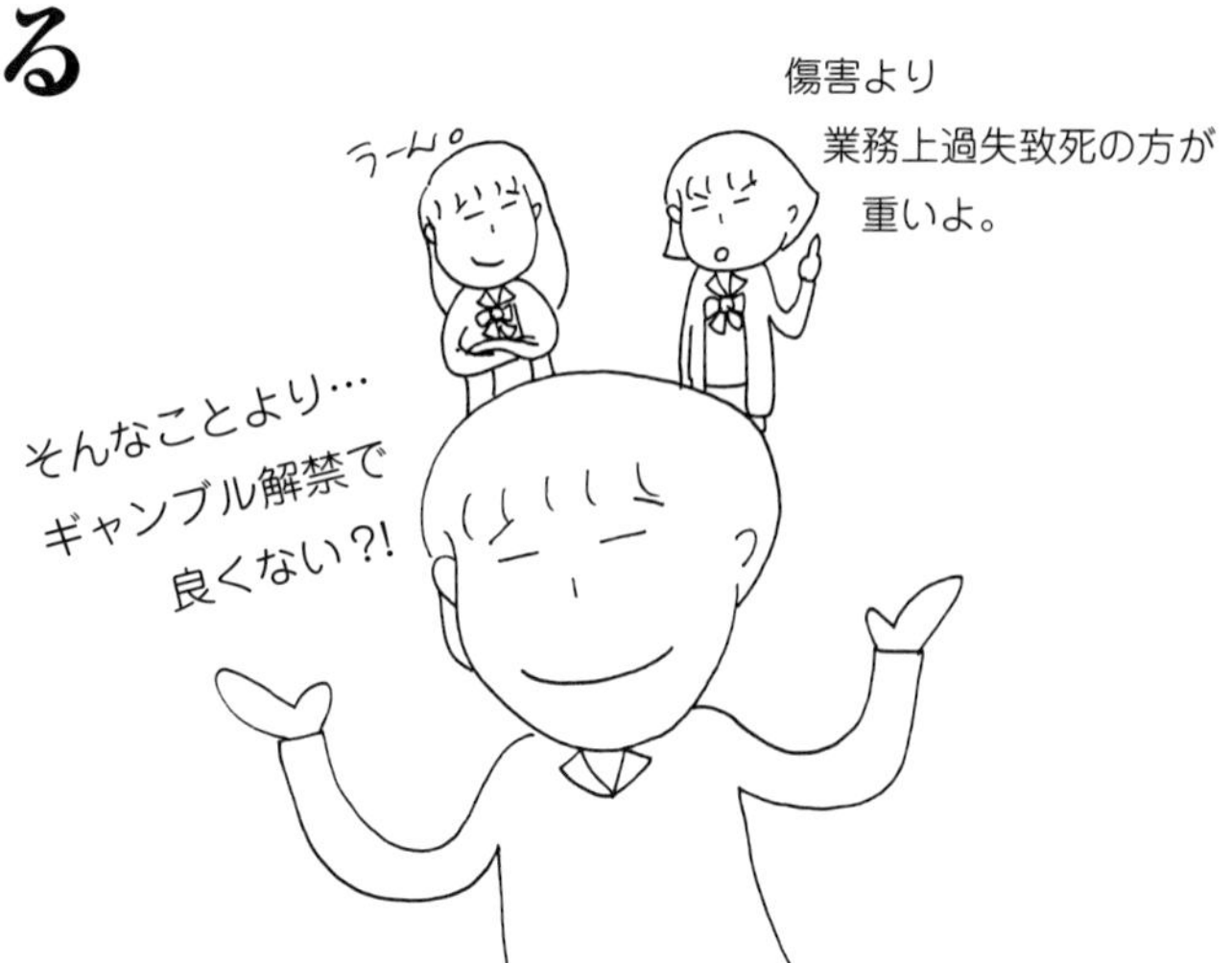
傷害より
業務上過失致死の方が
重いよ。
ラーん。
そんなことより…
ギャンブル解禁で
良くない?!

「死刑制度、是か非か」という問は、ディベートの論題としてしばしば用いられるようだ。価値に関する論題なので「正解」は無いし、多様な論点が考えられるし、教材として悪くないのだろう。

「死刑制度ディベート」自体は否定しないけれど、僕が前から気になっていたのは、そこでは刑法の体系全体の中での死刑に関する議論がほとんどないということだった。

けれど、国の制度として、さまざまな犯罪とそれに対する刑罰を対応させていく際には、死刑だけを議論するわけにはいかず、他の刑罰との関係や、犯される犯罪との関係において整合性やバランスが問題になるだろう。

そんなことを考えて、犯罪と刑罰に関する授業をつくってみた。

イメージとしては、まだ刑法の存在しない国で刑法をつくるとしたらどのように考えて、どういう体系をつくっていくかを考えてもらう演習である。学問的には刑事政策という分野に関わるのだろう。

犯罪と犯罪名を結びつける

最初はクイズ形式で、具体的な行為と、刑法で定められている犯罪名とを結びつける。配布するハンドアウトには、次の21の行為が示されている。

1 日本に敵対する外国の手先となって、日本に戦争をしかけさせた。
2 人の住んでいる家に火をつけた。
3 万引きした。
4 人を射殺した。
5 人にナイフを突きつけて脅し財布を奪った。
6 「お前を殺してやる」と電話し続けた。
7 天皇を罵倒する発言をした。
8 あへんを使用した。
9 政府を転覆しようと暴動を起こした組織のリーダーだった。
10 偽札を作り、使おうとした。
11 殴って人にケガを負わせた。
12 人の車を壊した。

13　手術ミスで人を殺した。
14　裁判の証人としてウソの証言をした。
15　人を自宅の倉庫に閉じこめた。
16　ある人に前科があることを、ラジオ番組で流した。
17　人の名前を使い、その人に支払われるべきお金を騙しとった。
18　殺人事件の犯人を匿った。
19　個人的にサッカーくじを発売した。
20　女性を強姦した。
21　警察官に制止されたのを突き飛ばして逃げた。

その下に次のような犯罪名が列挙されている（A～Cの分類については後ほど）。

A：①内乱（首謀者）　②外患誘致　③公務執行妨害　④犯人蔵匿
　⑤偽証
B：⑥現住建造物等放火　⑦あへん煙吸食　⑧通貨偽造
　⑨富くじ発売
C：⑩強姦[1]　⑪殺人　⑫傷害　⑬業務上過失致死傷

⑭逮捕監禁　⑮脅迫　⑯名誉毀損　⑰窃盗　⑱強盗
⑲詐欺　⑳器物損壊

――上の1～21の行為が、下の①～⑳のどの犯罪にあたるか答えてください。ただし1～21の中でひとつだけ、現在の刑法では犯罪として規定されていないものがありますので、そこは空けておいてください。あとは1対1対応なので、分かるものから入れていけば、消去法でできるでしょう。隣同士で相談してもいいです。

10分もあればほぼ終わるので、指名して順に答えてもらいながら適宜解説を加える。

――1は外患誘致罪。知らない人も多そうな犯罪ですね。内憂外患って言葉があるでしょう。国内の憂いと国外の患い。その国外の患いを誘致する、引き入れるニュアンスですね。

――3は窃盗罪。100円のガムを万引きしても、1億円の宝石を盗んでも、犯罪名としては窃盗罪。

――5は、「脅して抵抗できないようにする」という要素と「財布を奪う」、財産を奪うとい

1　強姦罪については、2017年に、①被害者の性別を問わない、②非親告罪とする、③法定刑を引き上げる、④名称を「強制性交等罪」に変更する等の刑法改正が行われたので、強姦罪という犯罪名は現在は無い。今後この授業を行うときにはハンドアウトを直さなければならない。

う2つの要素があります。この2つがそろって強盗罪。

——6は脅迫罪。嫌ですよねこういうの。それでは無言電話はどうなのか。これも程度によって偽計業務妨害罪などの犯罪になる可能性があります。

　ここで、私がかつて受けていた無言電話の話などちょっと雑談に走る。

——7は、「天皇に対する」からということで特別の犯罪になるということは今はありませんね。だからここは空きになる。でも昔は犯罪だったんですよね。何罪だっけ?

「不敬罪」

　時間の余裕があれば、戦前の不敬罪の規定を読み上げる。

——9も珍しい犯罪ですけど、革命やクーデタが失敗したときのリーダーということ。内乱罪の首謀者といいます。

——11は傷害罪。殴って相手がケガしたら傷害罪。ケガしなかったら……その場合は暴行罪という別の犯罪になります。

——12は器物損壊罪。器物損壊については2つ話しておきます。

ひとつはペットの扱い。ペットを家族の一員と思っている人も多いですけれど、ペットは法律的には、残念ながら「器物」に当たります。法律というのは、ヒトとそれ以外、つまりモノとを画然と分けるんです。ヒトとモノのどちらか。ペットはヒトではないのでモノになってしまう。この辺は議論がありそうですけど。

――もうひとつ。かつてこういう事件がありました。料理屋さんで、お客が、酔っていたのか、お店の客あしらいに腹を立てたのか、こともあろうに食器にオシッコを引っかけた。それでそのお客が器物損壊罪に問われたんだけど、その人は「壊れてないじゃないか。使えるじゃないか。損壊してない」と主張するわけ（生徒笑う）。この事件は、今の最高裁に当たる大審院までいきました（また笑う）。でも結局、大審院は器物損壊罪の成立を認めました。一度オシッコをかけられた食器は使えないですよね。しかも料理屋さんならなおさら。裁判した人、残念でしたね。

――13は、わざとじゃないというところがポイント。この場合は殺人罪じゃなくて業務上過失致死傷罪。

――14は偽証罪。前にも話したけれど、嘘をつくこと全般は法律では禁じられていません。けれど、裁判所での証言など、嘘のうちのあるものについては犯罪になるのです。

――15は逮捕監禁罪。これには、部屋のドアに鍵を掛けて物理的に人を閉じこめたというような場合だけじゃなくて、「この部屋から出たら家族の命はないぞ」と脅して心理的に閉じこめるようなものも入ります。

バイクの後ろに乗せた女の子が、バイクのスピードが速すぎて怖くなって「降ろして」と言ったのに、速度を落とさずそのまま走り続けるとかダメですね。

――16は名誉毀損罪。たとえ本当のことであっても、その人の評価を下げるようなことを公にすると名誉毀損罪に問われます。

似たような犯罪に侮辱罪というのがあって、どこが違うかというと事実を指摘しているかどうかということだそうです。例えば「熊田はバカだ」というのは侮辱罪、「熊田は数学のテストで０点をとった」というのは名誉毀損罪。

――17は、無理矢理奪っているのではなくて、だましてお金をとっている。お金を出している方は、少なくともその時は、自分から進んで出している。これは詐欺罪です。

法益という考え方

続いて、「法益」という概念を知ってもらうために、犯罪名の表のＡ～Ｃはどのように分類されているのか考えてもらう。

――ＡからＣは、それぞれの犯罪がいったい何を害しているかによって分類してあります。害されるものを法益、法的な利益と呼びます。

一番分かりやすそうなＣからいきましょう。Ｃに含まれる犯罪は、強姦にしても殺人にしても傷害にしても、被害を受けるのは一人ひとりの人間ですよね。ですから、こういう犯罪を「○○的法益に対する罪」というんだけど……分かる？

「個人？」

——その通り、個人的法益に対する罪。じゃAは？　内乱とか外患誘致とか。

「国？」

——そうですね。国家的法益に対する罪といいます。公務執行妨害罪も、国の一部である公務員の仕事を邪魔するわけだから、これも国家的法益を損ねると考えられるでしょう。

——Bはちょっと分かりにくい。放火は、もちろん個人の生命や財産を害したりもするけれど、それだけじゃないでしょう。連続放火事件があると地域の住民みんなが不安になったりする。通貨偽造も、それが広がると安心してお金のやり取りができなくなって経済活動全体に影響が出ますよね。こういうのは、社会的法益に対する罪といいます。

犯罪のランキング

——それでは、これから班ごとの演習をしてもらいます。

班に①～⑳の犯罪名を記したカードを1セットずつ配ります。

やってほしいのは、この20個の犯罪について、軽重の順位をつけるということです。20の犯罪の中には、これは許せない、厳しい刑罰を与えるべきだと思う犯罪もあれば、これは軽い罰でいいとか罰しなくてもいいのでは？　という犯罪もあるでしょう。

それを班で議論してランキングしていってほしいのです。

――注意してほしいんですけど、今の日本の刑法の中身をあてるんじゃないですよ。あくまで、自分たちの価値観に基づいて、犯罪の重い軽いを決めていってください。できたばかりの国で刑法をつくると考えてもらっていい。

――一番重い犯罪から一番軽い犯罪まで一直線に並べなくてもいいです。「同じぐらいかな」というものは横並びで構いません（図1）。

――それから、例えば窃盗罪だったら、盗んだものの金額によって罰の重さが変わるでしょうけれど、一番重い場合で考えてみてください。器物損壊でも、国宝の仏像を壊してしまったとか。それでは始めてください。

　1枚1枚カードを出していって、前に出されていたカードの犯罪と比べて上に置いたり下に置いたりしていく班もあれば、「最初に3つぐらいに分けようよ。重いのと軽いのと中間と」と話して大ざっぱな区別から始める班もある。

　そういう中から次のような声が聞こえてくる。

「（内乱罪や外患誘致罪について）国が滅

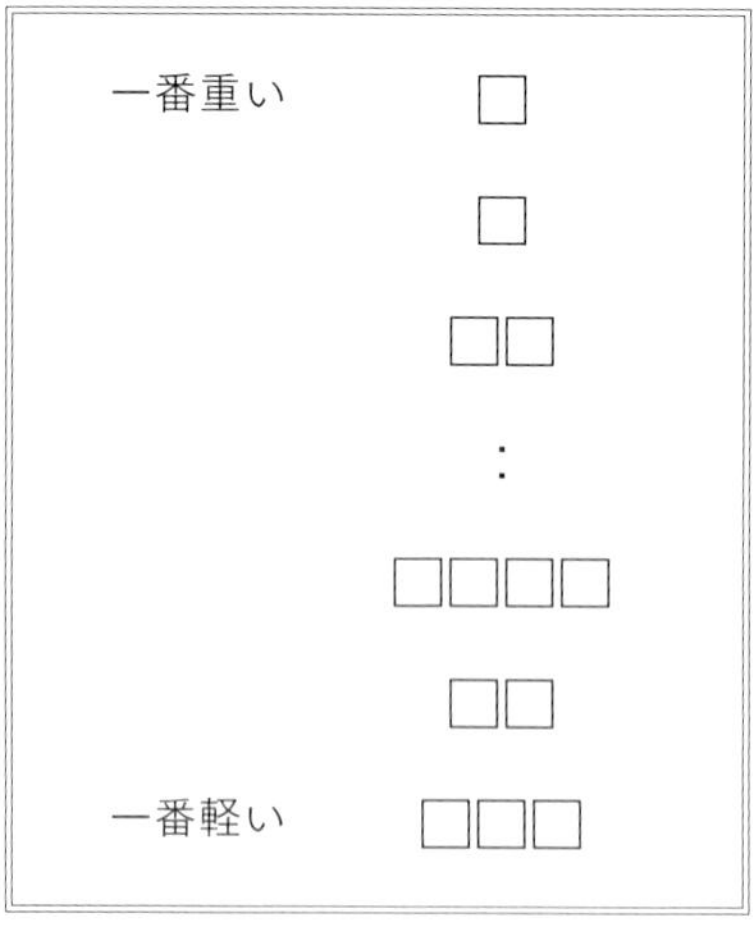

図1

びちゃったらダメじゃない。だからこういう犯罪は重く罰しないと。」

「でも殺人の方がやはり重大じゃない?」

「内乱が起これば人がいっぱい死ぬんじゃないの。」

「それはそれで、殺人罪で……」

「(業務上過失致死傷について)わざとじゃないんだからさ。そんなに重く罰せないでしょう、これ。」

「でも、死んじゃったということでは殺人と同じだよ」

「重く罰したら、医者がますます減っちゃうよ」

「サッカーくじ、なんでダメなの」

教室を巡回して、そういう声を拾ったり、僕の方から、生徒の考えを揺さぶるために声をかけたりする。

――(内乱罪を上位に置いている班に)内乱罪って変な犯罪だと思わない? もし内乱が成功したら罪に問われないばかりか、もしかしたらリーダーは英雄だよね。「世界史」で習ったクロムウェルだってロベスピエールだってレーニンだって、失敗していたらただの犯罪者でしょう。そこをどう考えるか。

――(業務上過失致死傷罪を下位に置いている班に)わざとじゃなくても、遺族にとってみれば「殺された」って感じかもしれないよ。

——（富くじ発売罪を下位に置いている班に）ギャンブルＯＫって感じ？　ホントに大丈夫？　ギャンブル依存症の人とか増えない？

——（逮捕監禁罪を下位に置いている班に）以前、新潟で女の子を9年以上、自宅の2階に監禁していた男が逮捕されて罰せられた事件があったんだよね。9年って想像できる？　皆さんが今監禁されたとして26歳か27歳まで？　それでも犯罪として重くない？

班を回ると同時に、黒板を班ごとに区切って、自分たちの考えた、最も重い犯罪から5つ、最も軽い犯罪から3つを書けるようにしておく。

——それではそろそろ班で意見をまとめてください。

——まとまったところは、黒板に自分たちの結果を書いてください。本当はすべての順位を書いてほしいのだけれど、時間がないので、班で「最も重い犯罪」だと思ったものから上位5つ、逆に「最も軽い犯罪」だと思ったものから下位3つを書いてください。同列のものは横に並べて書いてください。

時間が足りなそうなときは「重い犯罪5つ」だけ書いてもらう。

あるクラスの、「重い犯罪」の結果は次のようになった（図2）。

板書を見ながらコメントする。

クラスによっていろいろな結論が出るので、それに応じて異なるコメントをしなければならず「即興性」が求められる。それでも、それほど突拍子もない順位になることはないので、

A班	：内乱→外患誘致→通貨偽造・殺人→放火・業務上過失致死傷
B班	：外患誘致→内乱→殺人→強姦→業務上過失致死傷・強盗
C班	：内乱・外患誘致→殺人→業務上過失致死傷→強盗→強姦・傷害
D班	：殺人→外患誘致→偽証・通貨偽造→傷害・詐欺・内乱
E班	：外患誘致→内乱→殺人→放火→通貨偽造
F班	：内乱・外患誘致→殺人→業務上過失致死傷→強姦→強盗
G班	：殺人・強姦・外患誘致→内乱→傷害
H班	：内乱・外患誘致・殺人→業務上過失致死傷→強盗

（左が最も重い犯罪）

図2

何年かこの授業を続けてくると、想定外のことはほとんど起こらない。

――国の法律で犯罪と刑罰を定めるときにも、基本的には皆さんがいまやったのと同じような作業をします。集まって相談して決める。例えば、日本で新しいタイプの犯罪が生まれて、それに対してどのくらい重い刑罰を科すべきか決めようというときには、法務省が法制審議会というところに相談して、そのメンバーである法学者などが、他の犯罪や刑罰と比べながら決めていくわけです。

――今回の結果を見てもらうと分かるように、こうやって相談すると、「これは許せないだろう」という犯罪は、どの班にもかなり共通していることが分かりますよね。そうすると、このクラスがひとつの国だったとすると、その犯罪を重く罰する刑法がつくられることになるでしょう。内乱、外患誘致、殺人は全部の班で「重い犯罪」とされていますよね。

――一方で、意見が割れるものもある。例えば、業務上過失致死傷。たぶんこれは、殺そうという意図を重く見るか、死なせてしまったという結果を重く見るかの違いでしょう。これは刑法学の世界でも激しく議論されるところです。

――強姦、あるいは強制わいせつのようなものも含めて性犯罪は、時代によって大きく評価が変わってきている犯罪です。昔は、女性の人権が軽く見られていて、社会も性犯罪に甘かったのが、男女平等が進んできたことや、性犯罪がどれだけ女性にとってむごい犯罪かということが知られてきたことで、「もっと重く罰しなければ」という声が高まったのです。その結果、法律も改正されて強姦罪に対する刑罰は重くなったし、裁判員裁判でも、性犯罪は重く見られているようです。

――別のクラスで、殺人や放火や強盗が上位に来て、内乱や外患誘致が入らなかった班がありました。国家的法益に対する犯罪を軽く考えるというスタンスをとったわけでしょう。

特徴的な選択をした班（例えば、D班のように偽証や詐欺が「重い犯罪」に選ばれることは少ない）に、その理由を尋ね、それに対して他の班のメンバーに意見を求めたりすることもある。

現在の日本の刑法では

――それでは最後に、今の日本の刑法ではどうなっているか見てみます。

と、犯罪ごとに刑罰を示した一覧表を配布する。配っている間にも

「外患誘致って死刑しかない！」

「通貨偽造って、重いんだ」

「強姦罪、軽すぎない？」

といったつぶやきが聞こえてくる。

残り時間、大急ぎで説明する。

――刑法には刑罰として「死刑」しかなくても、必ず死刑が宣告されるわけじゃありません。いろいろな理由で刑が軽くなることがあったりするので、そこは注意してください（「法定刑」「処断刑」「宣告刑」という言葉を紹介することもある）。

――禁錮は、自由を奪うことそれ自体が罰になっているので、無理に働かせる懲役とは違うけれど、実際には禁錮刑の囚人も希望して働きに出ることが多いそうです。

――業務上過失致死傷罪のところを見てください。交通事故で人をはねたりすると、前は業務上過失致死傷罪になったのだけれど、悪質な交通事故がきっかけとなって、交通事故だけ業務上過失致死傷罪から切り離して自動車運転過失致死傷罪として、最高刑も7年にのばしたんです[2]。

――傷害は、犯罪自体の幅が広いでしょう。かすり傷程度のケガを負わせることもあれば、相手を植物状態にしてしまうことだってある。だから、それに応じて刑罰も幅が広いですね。

最後に次のように話す。

――間違えないでほしいのは、これは「正解」じゃないということです。今の日本ではこうなっているということ。社会の変化によっても刑法はだんだん変わってくるし、何か大きな事件をきっかけに改正されることもある。

――国によっても大きく違います。例えば、銃の所持は日本では違法だけど、アメリカでは持てますよね。それは、自分たちが実力でイギリスからの独立を勝ちとったという建国の歴史にも関係するでしょう。

中国で麻薬に関する犯罪がとても厳しく取り締まられていることを知っている人もいるでしょう。日本人でも、その関係で中国で死刑になった人がいる。それはおそらく、中国がアヘンでひどい目にあったという歴史に関係するのでしょう。アヘン戦争のことは「世界史」でやりましたよね。

そういうことも刑法に関係してくるわけです。

2 自動車運転過失致死傷罪は、２０１４年春に自動車運転死傷行為処罰法の過失運転致死傷罪となった。また、泥酔での運転など、より悪質な自動車運転による死傷事故に対しては、より刑罰の重い危険運転致死傷罪が適用される。

6

日本国憲法一気読み

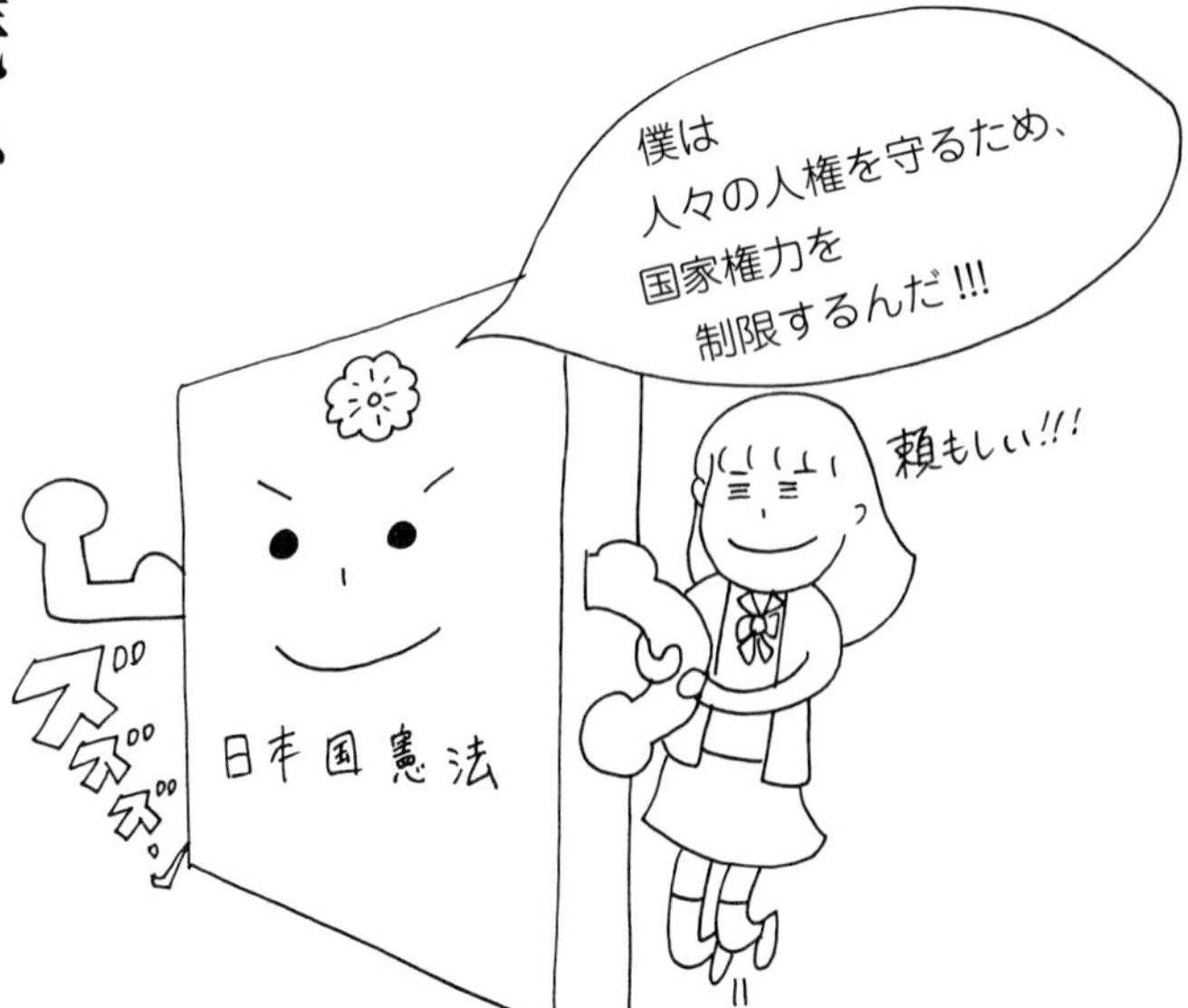
僕は
人々の人権を守るため、
国家権力を
制限するんだ!!!
頼もしい!!!
日本国憲法
ズガガッ

高校3年生の「政経」の授業時数は限られている。

政治分野で学習すべき主要な部分は日本国憲法になるわけだが、満遍なくやろうとすればどうしても内容が浅くなってしまい、教える方もつまらないし、生徒にとっても「中学の『公民』でやった」「またかよ」ということになりかねない。

だから、前文、第9条、第14条、第25条、第96条（改正条項）などをピンポイントで取りあげて、掘り下げて授業をする。

だが、そうは言っても、日本で暮らしている限り、日本国憲法について一通り知っておいてほしい、せめて一度は目を通してほしいとは思う。

そこで、憲法学習の最初に「日本国憲法一気読み」の時間をとる。

「日本国憲法前文」を聴く

まず教科書にある日本国憲法の前文のページを開かせる。

そして何も説明をせずに、「日本国憲法前文」（アルバム「きたがわてつベストセレクション」（音楽センター））を流し始める。

これは、きたがわてつというシンガーソングライターが1983年に発表したもので、前文前半（「～一切の憲法、法令及び詔勅を排除する。」まで）は朗読、後半（「日本国民は、恒久の平和を念願し～」）はロック調の曲に乗せて歌われている。

前半の朗読は重々しい。朗読に合わせて前文を目で追っていた生徒たちは、後半部の冒頭、ギターによる軽快で明るい前奏が始まった途端、そのトーンの差にズッコケて失笑する。

そして歌が始まると「何これ⁉」「そのまんま（の歌詞）だ」という驚きの声と笑いが教室を覆う。笑いのツボにはまったのか、ずっと笑いこけている生徒もいる。

最後に「日本国民は国家の名誉にかけ、全力をあげて～」の段落が繰り返されると、再び「ここがサビか！」と言いながら教室中が爆笑する。

終わって私が、

——これは「日本国憲法前文」という曲です。

と言うとまた笑う。明るい。

授業後、生徒が「そのＣＤ貸してください」と言ってくることもある。

日本国憲法を読む

笑いが収まったところで、次のようなハンドアウトを配って話す。

1　教科書の後ろに掲載されている日本国憲法を、前文から第１０３条まで通読する。

2　日本国憲法のすべての条文の中で、自分が大切にしたい条文（推し条文）を５つ選び、選んだ理由も簡単に書く。

3　日本国憲法全体に関する感想・疑問・意見などを書く。

4　（オプション）別紙「英訳　日本国憲法（東京新聞政治部編『いま知りたい日本国憲法』講談社）」と原文を比較して、1～40の語句が原文の何にあたるか確認する（英語の勉強と一石二鳥！）。

……（生徒が書き込む部分は省略）……

英訳の語句の確認

1 constitution　2 the Japanese people　3 chapter　4 article
5 The Emperor　6 sovereign power　7 the Cabinet
8 the Prime Minister　9 the Diet　10 the Supreme Court
11 cabinet order　12 the House of Representatives　13 renunciation
14 as means of settling international disputes　15 land, sea, and air forces
16 fundamental human right　17 public welfare　18 individual

19 equal 20 discrimination 21 family origin 22 public official
23 every person 24 freedom of thought and conscience
25 freedom of religion 26 censorship 27 academic freedom
28 minimum standards of wholesome and cultured living
29 right to own or to hold property 30 torture 31 double jeopardy
32 the House of Councillors 33 budget 34 treaty 35 civilian
36 foreign affairs 37 judiciary 38 finance 39 local public entity
40 amendment

——ここ数年、日本国憲法を改正した方がいいとか、しない方がいいとかの議論が高まっているのは知っていると思います。それは、日本を取り巻く国際情勢が変わってきているためかもしれないし、安倍首相が根っからの改憲論者だからということもあるのでしょう。

——ところが、例えば「憲法改正すべきだ」とか「改正すべきじゃない」とか言っている人に話を聞いていると、そういう人の中にも、憲法をちゃんと読んだことがない人がいます。実は、日本で暮らしている人の中で、日本国憲法を全部読んだことがある人って、ごくごく一部だと思います。

——でも、憲法を読んだことがないのに、「改正すべきだ」とか「改正すべきじゃない」とか言うのっておかしいですよね。

――皆さんの中で、日本国憲法、全部読んだことがある人いますか。

と尋ねると、せいぜい各クラス1名いるかどうかである。

――ということで、皆さんには、これからとにかく一度日本国憲法を通読してもらいます。一気読み。前文については、今もう聴いてもらったので、第1条から。第１０３条まであります。読むのが速い人で20分ぐらいかな。ゆっくり読んでも40分ぐらい。この授業中に読み終わるでしょう。

――とにかく1回でも読んでおくのは大事。今後、皆さんが誰か大人と憲法改正について議論することになったときに、こう聞くわけです。「失礼ですが、日本国憲法全部読んだことありますか?」って。それでもし相手が「いや、実はちゃんと読んでないんです」とか言ったら「へええ、読んでないんだ。へええ。私は全部読みましたけどねえ。へええ」とか上から目線で言って、議論で優位に立てるじゃない。

――ただ読むのでは眠くなってしまうので、１０３の条文のうち「これは大事だな」「これは大切にしたいな」と思う条文を5つ選んでもらいます。推し条文ですね。それを選んだ理由も簡単でいいので書いてください。

読みながらチェックをしていって、全部読んでから5つに絞ってください。「大切だな」と思う条文がたくさんあるかもしれないけれど、無理して5つに絞る。「大切にしたい条文」5つとその理由、あと日本国憲法を通読しての感想を書く。ここまでは必ずやってください。

――時間が余ったら、日本国憲法を英訳したものを配ったので、それを原文と比較しながら、英語の語句の意味を確認していってください。

英訳と対比することで気づくこと

生徒の質問に答えたり、居眠りをしている生徒を起こしたりしながら、作業の進み具合を見る。あらかたの生徒が最後の作業（**英訳の語句の確認**）に入る頃に、それについて少し説明を加える。

――もともと日本語の憲法を、なぜわざわざ英語でも見てもらったのかちょっと説明します。こういう、法律や政治に関わる英単語も知っておいた方がいいということももちろんですが、それだけじゃありません。

――原文で読むと見過ごしてしまうことに英訳だと気づくことがあります。日本だと、憲法、刑法、民法、商法と、憲法も他の法律も、同列のような呼び方になっているけれど、英語だと憲法は constitution。ちなみに刑法は criminal law で民法は civil law です。でも憲法は law じゃなくて constitution。constitution を辞書で引くと「構成」とか「構造」とかいう意味があるでしょう？　憲法が他の法律と異質なことや、国の「構造」を示しているということが英語だとよく分かります。

——第1条の主語が The Emperor となっている。でも皆さんが普通 emperor を和訳しろと言われたら「天皇」って訳さないよね。

「皇帝？」

——多分そうですよね。ということは、英語圏では、日本は「皇帝」のいる国だと受けとめられているということになりますよね。

——国会は英語では？

「the Diet」

——そうですね。diet って「減量」って意味だけじゃないから。政治論議をしているところに「私は卵ダイエット法で10キロ痩せました」とか話し出したりしたら恥ずかしいから。でも、アメリカの議会は Congress です。それじゃ The Diet と Congress はどうして違うのか、日米以外だとどうかとか。あるいは憲法の条文で、主語が「すべて国民は」となっていたり「何人も」となっていたりするけれど、それは英語でどう表現されていて、それはなぜかとか。そういうことを考えるヒントが英訳にあるかもしれません。

日本国憲法 選抜総選挙

生徒に選んでもらった「自分が大切にしたい条文」は、教育実習生にも手伝ってもらい表計算ソフトで入力・集計し、教科通信で「ベスト10」を発表する。

ある年度の結果は次の通りだった。票数の後ろの［ ］内に、前年度までの順位の推移を示している。

第1位　第9条（戦争の放棄）
137票［1位↑1位↑1位↑1位］

第2位　第14条（法の下の平等）
77票［3位↑3位↑3位↑4位］

第3位　第11条（基本的人権の享有）
62票［2位↑2位↑2位↑2位］

第4位　第96条（改正）
61票［6位↑圏外（10位以下）↑圏外↑圏外］

第5位　第98条（最高法規）
57票［5位↑7位↑8位↑5位］

第6位　第25条（生存権）
54票［4位↑4位↑4位↑3位］
第7位　第97条（基本的人権の本質）
49票［7位↑6位↑5位↑6位］
第8位　第13条（個人の尊重）
46票［9位↑9位↑7位↑7位］
第9位　第12条（自由・権利の保持の責任）
44票［10位↑5位↑8位↑9位］
第10位　第26条（教育を受ける権利）
43票［8位↑8位↑10位↑8位］

例年大きな変動はない。上位を占める10位はほぼ共通しているし、とりわけ第9条、第14条、第11条の安定度は抜群。

一方、格差や貧困が社会で（マスメディアで）クローズアップされると第25条の順位があがったり、「第96条先行改憲」の話が出ると第96条の順位があがったりと多少の変動がある。いずれも悪くないセンスだと思っている。

7

センター決めは難しい

「投票のパラドックス」のような現象に以前から興味があったのだが、しばらく前に読んだ宇佐美誠『決定 社会科学の理論とモデル 4』（東京大学出版会）があまりに面白かったので、これを授業化してみた。

センターって……

――今日は「センター決め」について授業をやります。センター、センター決めって何だと思う？

「？」

――AKB48知ってますよね。

「（うなずく）」

――じゃAKB48でセンターって？

「舞台の真ん中で歌ったりする人。」

――そうそう、その人を決めるために、総選挙したりするじゃない。AKB48の選抜総選挙では、たくさんのファンの人が投票してセンターを選びますよね。ああいうときの選び方を考えるのが今日の授業のテーマです。

と言って板書する。

選び方
たくさんの人が
たくさんの選択肢から
ひとつを選ぶ

――こういうことって、色々な場面であるでしょう。例えば、クラス委員を選ぶとか、遠足の行き先を決めるとか。国会で首相を指名するというのもそうだし、民主政治って、こういうことをしょっちゅうやることになる。

――確認ですけど、選択肢が1つならば、そもそも選ぶ必要はないですよね。というか選べない。それから「1人の人がたくさんの選択肢から1つを選ぶ」のは簡単だ。例えば、来春、皆さんが受験した大学すべてに合格して「さあ、どこに行こうかな」と。贅沢な悩みだけど原理的には解決は難しくない。自分で順位をつければいいんだから。ところが、たくさんの人がたくさんの選択肢―たくさんっていうのはここでは3つ以上と考えてください―そこから1つを選ぶとなると話がややこしくなるんです。例えば、どこの大学に行くか家族会議開かなくちゃとか、そういうとき。

――さて、クラスでこういう状況になったら、皆さんはどうしてますか？

「多数決。」

――もう少し詳しく。例えば文化祭の企画を決めるんだったら？

「だから、劇とかお化け屋敷とか案があったとして、手を挙げてもらって数が一番多い案にする。」

――なるほど。じゃあ、例えばA案17票、B案15票、C案13票だったとして、A案で決定？ 過半数に達していないけれど。

「上位2つで決選投票とか。」

――もっと票が分散して、A案10票、B案9票、C案7票、D案5票……とかだったら？

「票が一番少ない案から順に削っていって、投票を繰り返して……」

――ああ、それは僕の担任クラスでもやっていた。

――その方法って2020年に関係あるって知ってる？

「？」

――2020年にあるのは？

「オリンピック……あ、オリンピックの開催地決めか！」

――そうですね。あれは候補地を1つずつ減らしていくでしょう。

――他に全然違うやり方はない？ 選ぶのとはちょっと違うけど、スポーツ大会で優勝を決めるのはどうやっている？

「総当たりで、勝敗の数で。」

――そうですよね。スポーツ大会の場合、1対1の対決を総当たりで繰り返している。それと同じこと、投票でだってできますよね。A案とB案でどちらがいいか採決して、次はA案とC案、A案とD案……と順に対決させていって、総当たりにしたり、トーナメントにしたりして1つに絞ることができるでしょう。トーナメントなら、高校野球の甲子園大会とかAKB48のじゃんけん大会とかはそうでしょう。

――このように、たくさんの人がたくさんの選択肢から1つを選ぶ方法っていくつもあるんです。

さまざまな投票方法

ハンドアウトを配る。

篠田麻里子・高城亜樹・高橋みなみ・宮澤佐江・渡辺麻友の5人からセンターを選ぶという状況を考える。

——最初の枠で囲んだところを見てください。こういう状況を考えてみましょう。「なぜこの5人なんだ？」という質問や批判は堅く禁ずる（生徒笑う）。

——「ＡＫＢ48なんて知らないよ」という非常識な人もいるだろうから、イメージが湧きやすいように頑張って教材を用意してきました。教材準備は大変。

と言いつつ、篠田ら5人のポスターを黒板に貼っていく（生徒また笑う）。

表1

選好	人数
篠田＞高城＞渡辺＞高橋＞宮澤	18
宮澤＞渡辺＞高城＞高橋＞篠田	12
高橋＞宮澤＞渡辺＞高城＞篠田	10
高城＞高橋＞渡辺＞宮澤＞篠田	9
渡辺＞宮澤＞高城＞高橋＞篠田	4
渡辺＞高橋＞高城＞宮澤＞篠田	2

計55人（過半数は ＿＿＿ 人）

——さて、**表1**のような集団があったとします。全部で55人の集団。過半数は？

「28人。」

——それ空欄に書いておいて。

それで、この表の見方はこうです。一番上の行を例にとると、18人の人が、5人の中で篠田が一番好きで、次が高城、ついで渡辺、高橋、宮澤となるということ。選好というのは英語の preference の訳で、「より好む」という意味。ここでは「Ａの方がＢより好き」ということを「Ａ＞Ｂ」で示しています。

表1は「マルケヴィッチの反例」と呼ばれるらしい。この授業の面白さのほとんどはこの表に依存している。こういう表をつくる頭脳に感嘆してしまう。

最多数投票と上位二者決選投票方式

――まず最初に、皆さんが普通やっている方法で考えてみましょう。上の5人の中から最も推す人に手を挙げる。表1で、18人の人は一番左端の篠田に票を投ずるわけです。これは結果はすぐ分かりますよね？

「1位は18票の篠田、2位12票で宮澤、以下、高橋、高城、渡辺です。」

――その通り。センターは篠田となりますね。

と言って、篠田のポスターを真ん中に動かす。

――でも、ここで宮澤のファンがこう言ったとします。「篠田さん1位だけど、過半数に達してないじゃない。決選投票してほしい」。そうしたらどうなる？　篠田・宮澤以外に投票していた人は、決選投票では篠田・宮澤のどちらか、より好ましい人に投票するわけだから？

「25人の票はみんな宮澤に流れる。」

――決選投票で逆転して、宮澤がセンター奪取ですね。

表２（　　は、授業中に記入する箇所）

	篠田	高城	高橋	宮澤	渡辺	結果
篠田		×	×	×	×	0勝4敗
高城	○		○	○	×	3勝1敗
高橋	○	×		○	×	2勝2敗
宮澤	○	×	×		×	1勝3敗
渡辺	○	○	○	○		4勝0敗

宮澤のポスターを真ん中に移す。

単純多数決

――次に、さっき話したスポーツ大会のように、上のメンバーを2人ずつ対決させて、2人のうちどちらがよりセンターにふさわしいかを55人で投票して決め、それのトータルでセンターを選ぶという方法をやってみましょう。

例えば、篠田対高城ならば、表1に照らして、篠田>高城としている人が18人、高城>篠田としているが12人＋10人＋9人＋4人＋2人で37人だから、高城の「勝ち」となるわけです。同じようにして、表2に勝ち負けを入れていってください。票数は気にせず、○×だけ分かればいいので、どちらかが過半数を制すれば決まりです。

ちょっと時間がかかるが、結果は**表2**のようになる。

――ということは、順位は？

「1位渡辺、2位高城、3位高橋、4位宮澤、5位篠田。」

――センターは今度は渡辺になりますね。

表３（　　は、授業中に記入する箇所）

	篠田	高城	高橋	宮澤	渡辺
第1段階	18	9	10	12	6
第2段階	18	9	12	16	
第3段階	18		21	16	
第4段階	18		37		

ヘア方式（代替投票）

――もうひとつ、最も得票が少ないメンバーから削っていくというやり方が出ましたよね。これは、ヘアという人が提唱した方法なのでヘア方式と呼びます。これだとどうでしょう。

――表３の第１段階が最初の投票結果です。最初の投票で最下位だったのは渡辺ですから、渡辺に投票した６人は、第２段階では、渡辺の次に推しているメンバーに投票するでしょう。そうすると宮澤票が４増え、高橋票が２増える。

この段階で最下位は高城だから、今度は高城に投票されていた9票が残りの3人、篠田・高橋・宮澤に振り分けられる。

――以下同様で票を埋めていってください。センターは？

「高橋。」

――またセンター、替わっちゃいましたね。

順位評点法（ボルダ方式）

――前半の最後です（「承認投票」「範囲投票」の話もしたかったが時間切れ）。例えば「センターに最もふさわしい人に1票」というやり方だと、ある投票者について、その人が投票したメンバー以外のメンバーについてどう考えているかはまったく分からないですよね。Aさんに投票した人が、Bさんを2位に推しているのか、最下位なのか分からないから、それは考慮されない。

今の日本の選挙もこの方法だけど、「この人を当選させたい」という考え以外に「この人がダメならせめてこの人に」とか「この人にだけは当選してほしくない」という考えもあり得ますよね。でも、そういう考えは今の選挙では反映させられない。言い換えると、集団での決定のための情報量が少ない。

――そこでボルダという人が考えたのがこのボルダ方式というものです。これを今回のセン

表4（　　は、授業中に記入する箇所）

人数	18	12	10	9	4	2	合計
篠田	4	0	0	0	0	0	72
高城	3	2	1	4	2	2	136
高橋	1	1	4	3	1	3	107
宮澤	0	4	3	1	3	1	101
渡辺	2	3	2	2	4	4	134

ター決めに適用するとこうです。投票者それぞれが、センターにふさわしい順に5人のメンバーを並べ、1位4点、2位3点……5位0点というように順に得点を与えておく。そしてすべての投票者について合計する。そうすれば、2位以下の人に対する投票者の評価もセンター決めにあたって計算に入れられるわけです。

——表4を埋めていきましょう。表1で18人が篠田に1位つまり4点を与えることになる。残りの37人にとっては篠田は4位だから0点です。これが1行目の意味で、合計点は18×4＝72点。高城なら、18人が2位の3点、12人が3位で2点……となる。同様にやってみてください。トップは？

時間がかかるので、手分けをして計算させる。

「高城が136点でトップです。」

——高城もこの方式ならセンター取れますね。

——今まで5通りの選び方を紹介したけれど、全部センターに違う人が選ばれてしまいました。結果が選び方に依存していると言うことができます。

我々は集団で物事を決めるとき、決め方に無頓着だけれど、決め方によって結果が変わるとすれば、どういう決め方がいいのか、もう少し考える必要があるでしょう。

最多数投票と上位二者決戦投票方式のパラドックス

――後半は、それぞれの投票方法にまつわる困った問題を紹介していきます。ハンドアウトにあるパラドックスというのは、ここではだいたい「矛盾がある」とか「直観的に受け入れにくい」というような意味だと思ってください。

――今度は、篠田・宮澤・渡辺の3人から最多数投票でセンターを決めるとします。投票結果が表5（記入前）の通りだとすると、篠田3票、渡辺2票、宮澤2票で篠田がセンターですよね。

――そこで、今、AさんからGさんまでの7人に、2位以下の好みを尋ねてみたら、次のようだったとしましょう（表5を完成させる）。

――これで最もセンターにしたくない人を選べという投票をしたら？

「篠田が選ばれちゃう。」

――そうなんですよね。これってちょっと困りますよね。
普通、「一番好きな食べ物はなに?」「カレー」、それに続けて「一番嫌いな食べ物は?」「やっぱりカレー」となったら「お前、何考えてるんだ!」ってなるでしょう。
あ、でも「Aくんが好き、でもAくんが嫌い」ということならあるかもしれない。こういうのをアンビバレントって言いますね。

でもまあ、普通アンビバレントなことは起こらない。でも、これはそれに近い事態ですよね。

――上位二者決選投票方式ではどうでしょう。

――表6では、4人の中から1人を選ぶのだけど、最初の投票で篠田が4票、高橋3票といずれも投票総数の過半数(5票)に達しないので、決選投票。決選投票の結果は、篠田4票、高橋5票となりますよね。

だけど、高橋は宮澤と1対1で対決し

表5（　　は、授業中に記入する箇所）

	投票	(2位以下の選好)
Aさん	篠田	>渡辺>宮澤
Bくん	篠田	>渡辺>宮澤
Cさん	篠田	>渡辺>宮澤
Dくん	渡辺	>宮澤>篠田
Eさん	渡辺	>宮澤>篠田
Fくん	宮澤	>渡辺>篠田
Gさん	宮澤	>渡辺>篠田

たら3対6で負けるし、渡辺と対決しても3対6で負けちゃうんですよね。それなのに高橋をセンターに選ぶのは、どうも居心地が悪いですよね。

単純多数決のパラドックス

——次は単純多数決について。メンバーを1対1で対決させていくやり方ですね。今、表7のような選好をもつ3人が、

表6

	投票	（2位以下の選好）
Hくん	篠田	＞宮澤＞渡辺＞**高橋**
Iさん	篠田	＞宮澤＞渡辺＞**高橋**
Jくん	篠田	＞宮澤＞渡辺＞**高橋**
Kさん	篠田	＞宮澤＞渡辺＞**高橋**
Lくん	宮澤	＞渡辺＞**高橋**＞篠田
Mさん	宮澤	＞渡辺＞**高橋**＞篠田
Nくん	**高橋**	＞宮澤＞渡辺＞篠田
Oさん	**高橋**	＞宮澤＞渡辺＞篠田
Pくん	**高橋**	＞宮澤＞渡辺＞篠田

篠田ら3人から単純多数決でセンターを決めるとします。そうすると、篠田対宮澤だと、RくんとSさんは宮澤に手を挙げるから宮澤の勝ち。篠田対高橋だと、QさんとRくんの票で篠田の勝ち。以下、同じように考えていくと、どうなる？

「3人とも1勝1敗になってしまう。」

——そうなんです。この選び方だと、AとBだとBが選ばれ、BとCだとCが選ばれる場合

に、にもかかわらずCとAだとAが選ばれるということが起こりかねないんです。これを「循環」と呼びます。個人だったら、例えば「AよりBが好きで、BよりCが好きなら、AよりCが好きだろう」と、一般的に言えるけど、集団的な選好だと循環が生じてしまうことがあるわけです。

ちょっと数学が得意な生徒に向けて、次のように補足することがある。

――A＞Bで、B＞Cならば、A＞Cというような関係があるとき、「推移律が成り立つ」と言うけど、この場合、推移律が成り立たないのです。

表7

Qさん	篠田＞高橋＞宮澤
Rくん	宮澤＞篠田＞高橋
Sさん	高橋＞宮澤＞篠田

表8（　　は、授業中に記入する箇所）

	篠田	宮澤	高橋
篠田	＼	×	○
宮澤	○	＼	×
高橋	×	○	＼

――循環が生じる場合にトーナメント方式で選んでいくと、対戦の順番が結果を左右します。**表8**の例をトーナメントにしたのが**図1**から**図3**までです。そうすると、**図1**のトーナメントだと高橋が、**図2**だと宮澤が、**図3**だと篠田が選ばれることが分かりますか。決める順番、経路によって結果が変わってきて

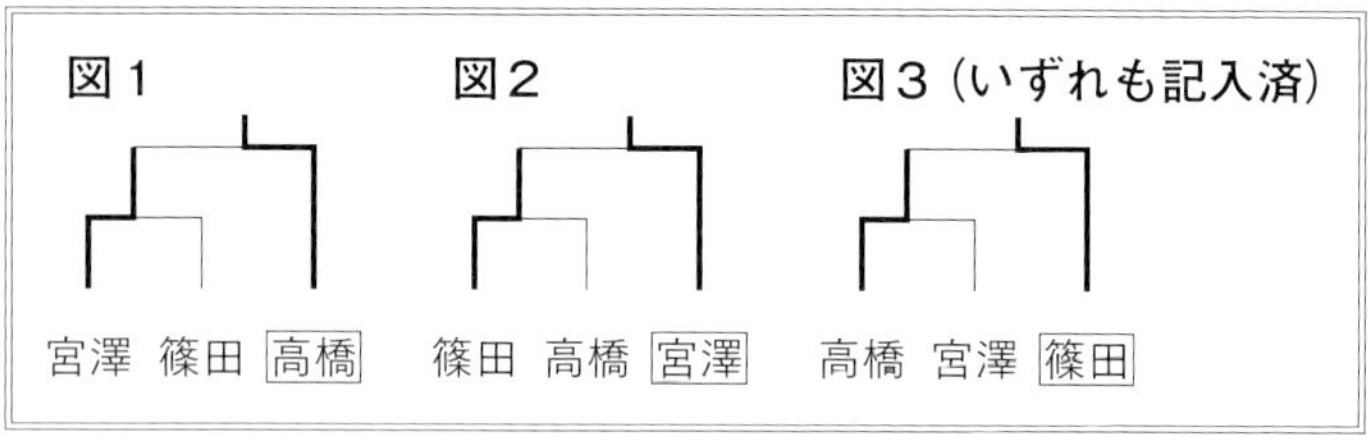

しまうというのも困ったものですよね。

　ここでもついでに次の話をすることがある。

――大相撲で、ふたりの力士が同じ勝ち星で並ぶと優勝決定戦をやるじゃない。じゃあ、同じ勝ち星の力士が3人いたらどうするか知っている？　普通のトーナメントにしたら、今の結果で分かるように、組み合わせで不公平が出そうですよね。じゃあどうするか（答えが出ることもある）。

AとBがまず対戦、Aが勝ったら次はAとCが対戦して、というように「勝ち残り」にして、2回続けて、つまり両方に勝ったら優勝なんですよ。

これだと、1回勝負のトーナメントよりはたしかに公平だけれど、それでもチャンスが完全に1／3ずつにはならない。誰か関心がある人は、3人の実力が等しいとして、優勝する確率を計算してごらん。

順位得点法（ボルダ方式）のパラドックス

――最後にまたボルダ方式。4人の中から、ボルダ方式で1人を選ぶとします。投票者の選好が**表9**の通りだとすると、それぞれの得点はどうなりますか？

「1位篠田13点、2位高橋12点、3位宮澤11点、4位渡辺6点。」

――そうですよね。そこで今、渡辺が急遽ＡＫＢ48を卒業することになって、投票をやり直したとします。そうすると**表9**で渡辺の占めていた欄が空くから、そこが左にずれていって**表10**ができあがる。

表9

	3点	2点	1点	0点
Tくん	宮澤	高橋	篠田	**渡辺**
Uさん	高橋	篠田	**渡辺**	宮澤
Vくん	篠田	**渡辺**	宮澤	高橋
Wさん	宮澤	高橋	篠田	**渡辺**
Xくん	高橋	篠田	**渡辺**	宮澤
Yさん	篠田	**渡辺**	宮澤	高橋
Zくん	宮澤	高橋	篠田	**渡辺**

表10

	2点	1点	0点
Tくん	宮澤	高橋	篠田
Uさん	高橋	篠田	宮澤
Vくん	篠田	宮澤	高橋
Wさん	宮澤	高橋	篠田
Xくん	高橋	篠田	宮澤
Yさん	篠田	宮澤	高橋
Zくん	宮澤	高橋	篠田

これでもう一度得点計算してみてください。

「1位宮澤8点、2位高橋7点、3位篠田6点。」

――そうなんです。順位が変わっちゃう。

これって奇妙でしょう。だって、この場合、渡辺って最下位だったわけでしょう。最下位の人が卒業したからって、上の方の順位は変わらないはずなのに、変わってしまった。

この現象の奇妙さを、ある本が身近な例で説明していました。

僕があなたたちの誰かと食堂に入ったら、お店の人が「今日はカレーとラーメンとそばができます」と言ったとします。

僕はそばアレルギーなので「そばは論外。うーん、今日はカレーにしようかな」とあなたに言っているところに、お店の人がまた来て「すみません。そば粉を切らしてしまっていて今日はそばは作れません」と謝った。

・・・

その途端「じゃあ僕はラーメンお願い」（生徒笑う）。

これってかなりヘンな人でしょう。カレーかラーメンか選ぶのに、そばが選択肢に入っているかどうかは無関係なはずなのに影響しちゃっている。

まとめ

政治学 ↑ 社会的選択理論 ↓ 経済学

――今日学んだことの第一は「たくさんの人がたくさんの選択肢からひとつを選ぶ方法」には色々あるということ。第二は、そのそれぞれの方法はどれも、どうもスッキリしないところがあるということです。

――このような内容を研究する分野を、社会的選択理論あるいは集合的選択理論と呼びます。政治学や経済学などの基礎となるものだと考えられています。

――18世紀末、フランス革命の頃、コンドルセ――循環を発見した人です――や、ボルダ方式の生みの親であるボルダという人がこの分野を開拓したと言われています。フランス革命で王政が倒されて、選挙とか投票とかが重要な意味を持ってきたからこういう研究がなされるようになったのかもしれません。

――20世紀の人ではアローというノーベル経済学賞を受賞した経済学者がこの分野の研究者として有名です。

――あと、19世紀の人で皆さんが知ってそうなのは、チャールズ＝ドジソンという人。イギリスの数学者です。皆さんは「ドジソンなんて知らないよ」と思うでしょうけれど、彼のペンネームは多分知っている。彼のペンネームはルイス＝キャロル、『不思議の国のアリス』の作者です。

――ということで、今日は社会的選択理論の紹介をしました。ＡＫＢ48の授業じゃないからね（生徒失笑する）。

社会的選択理論には、この他にも戦略的投票など面白いネタがいくつもあるのだが授業では触れられなかった。関心をもった生徒には、坂井豊貴『多数決を疑う』（岩波書店）をイチオシで紹介している。

この授業は僕のお気に入りのひとつなのだが、ＡＫＢ48のメンバーがどんどん卒業してしまうのが悩みの種である（実際、右の授業で登場したメンバーはすでに全員いない）。教材用のポスターもどんどん増えていくし困ったものだ。

8

雑誌に名前をつける

ずっと普通科の高校で教えてきたので、専門高校の授業がどうなっているのかほとんど知らない。「これではいけない」とあるとき思いたって、まずは「政経」に隣接する商業科の教科書を購入して眺めてみると、これが実に面白い。ビジネスに直結した知識満載である（あたりまえか）。勤務校の生徒も、多くはいずれ就職してビジネスの世界に入っていくのだから、こういう世界を少し覗かせてやりたい。

「簿記」や「財務会計」など会計学系はハードルが高そうなので、経営学系はどうかなと「マーケティング」の教科書を見ていくと、キャッチフレーズを考えポスターを描く「広告の実習」というページがあった。

これをヒントに、「ビジネスゲーム　ネーミング」と題して、商品名を考える授業を2時間分行ってみた。

ネーミングの意義、開発プロセス

1時間目の前半は講義を行う。

この授業の直前に「ビジネスゲーム　価格戦略」（p.263）を行っていることが多いので、そこからつなげていく。

――商品では価格をどう設定するかが最も重要です。けれど、それだけではありません。特に、価格面で競争しにくい場合には、価格以外の、品質、デザイン、アフターサービス、広告などの面で競争が行われます。

と非価格競争について簡単に説明する。そして
――そういった価格以外の要素のひとつに商品の名前があります。

と言いながら［お～いお茶］のペットボトルを見せる（以下、商品名・ブランド名は［　］で表記する）。

――皆さんご存じのこの［お～いお茶］ですが、最初に販売されたときは、この名前じゃありませんでした。何という名前かというと……

煎茶

――［煎茶］です。地味ですねぇ。この［煎茶］が思ったより売れなかった。調べてみたところ、どうも名前が不人気らしい。煎茶の煎の字が読めなくて「マエチャください」というお客さんもいたそうです。

そこで、伊藤園では以前からＴＶのＣＭで使われていた［お～いお茶］というフレーズに名前を替えて売りだしたら、これが売れた。中身は変えていないのに。

このように商品にとって名前は大事なんです。

ネーミングの開発プロセスについては、ハンドアウトに横井惠子『ネーミング発想法』（日本経済新聞社）の図を紹介しているが、ここでは「見ておいてください」程度に流す。

ネーミングの機能

――そもそもなぜ名前が必要なのか。名前にはいろいろな働きがあります。

――第1は、他の商品と区別する働き。ハンドアウトの「他との識別機能」です。つまり、ただ「ペットボトルのお茶を買おう」じゃなくて「[お～いお茶」を買おう」と思ってもらわなければならないわけです。

ここで偽ブランドの話もする。

――そこから逆に、有名な商品名やブランド名を悪用する人も出てくる。

と言い、次のように板書する。

CHANNEL　ROTAX　SQNY　C-SHOCK　adibas

――皆さんも知っているでしょう、こういうの。「あ、シャネルのバッグが激安!」と思ってよく見たらNが1つ多かったとか（ただし子供服のブランドにCHANNELがあるらしい）。

ROLEX の時計かと思ったら ROTAX とか。

などと説明していくと生徒は笑う。

——こういう不正を防ぐために商標というしくみがあり、商品などで同じ名前や似たような名前を勝手に用いてはならないことになっています。

G-SHOCK を製造販売しているカシオ計算機は、類似品予防のため A-SHOCK から Z-SHOCK までのすべてを商標登録しているそうですよ。

と話すと、今度は「エーッ」「すごい」「そこまで」と驚きの声が。

実体の有無にかかわらずいろいろな名称をどんどん商標登録してしまって、金儲けに使おうとする「商標登録ビジネス」のような動きについても触れる。

——商品名の機能の2つ目です。商品の種類にもよりますが、商品の内容や特長を名前で示すことができる場合もあります。「内容の伝達機能」ですね。

その点で、僕が傑作だと思うネーミングはこれです。

［甘栗むいちゃいました］を見せる。

——甘栗はおいしいけれど、皮をむくのが面倒でしょう？

だから、もう皮をむいてあるということがこの商品の特長になるので、それを端的に示したネーミングになっているじゃない。これを見れば「あー、むいちゃったんだー」（生徒笑う）と誰でも分かる。しかも、ちょっと申し訳なさそうなのがいいですよね。これが［甘栗むいてやったぜ」だったらダメかもしれない。

［キレイキレイ］という石けんがあるけど、これも分かりやすいですよね。

――第3に、イメージを売るネーミングになることもあります。「イメージ訴求機能」ですね。例えばシャンプーだったら、清潔、フレッシュ、つややか、サラサラ、しっとりなどのイメージを与える名前が多いでしょう。

これは商品名ではないけれど……

Häagen-Dazs

――何を作っている会社？

「アイスクリーム」

――どこの国の会社だと思う？

「……ドイツ？」「デンマーク」

――……と思うでしょう？　aのうえに点がふたつついていたり、そもそもaaと並ぶ綴りって英語では見かけないですよね。だから、どうもドイツ語圏とか北欧とかイメージしやすい。でもそれはまさにこの会社のイメージ戦略に皆さんが乗せられてしまったわけで、この会社はニューヨーク生まれの生粋のアメリカ企業だそうです。

――最後に、企業やブランドで名前を揃えることで、いわばチームとしてパワーアップさせようとすることがあります。これを、僕の読んだ本では「アイデンティティ構築機能」と呼んでいました。

例えば、トヨタの乗用車の名前で「カローラ」「カムリ」「コロナ」「クラウン」というのがあるけれど、これらの共通点は？

「カ行で始まる」「ラ行が入っている」

――うん。音も近い。でもそれだけじゃない。クラウンってどういう意味？

「王冠とか……」

――そうですね。では、コロナは？

「太陽の周りの……」

――そうそう。日食の時に周りに見える。

カローラはなじみがない単語かもしれないけれど辞書を引くと「花冠」と出ています。ということは、共通するのは？

「冠！」「じゃ、カムリってそのまま……」

――どうもそうらしいですよ。冠、かんむり、かむり……。

――いくつかの、共通要素を持つネーミングが集まってパワフルになるという点では、やはりこれでしょう。

AKB48　SKE48　NMB48　HKT48　NGT48　STU48……

——見ただけで「AKBグループだな」って分かる。JKTでもBNKでもそう。すごいですよね。僕なんか、最近はPKOとかIMFとか見ても一瞬「あれ？　新しいグループ？」とか考えちゃう（生徒笑う）。

よいネーミングの条件

——今までの話と重複するところもあるけれど、ここではよい名前の条件をいくつか挙げますので、後で自分たちで考えるときにチェックリストとして使ってください。

——まず、名前は使い勝手が良くないといけない。これを「機能性」と呼びます。

ちょっと話を逸らして、アフリカン・ポップスに凝っていた頃、（これは人だが）ユッスー＝ンドゥールというセネガルのミュージシャンの名前で苦労した話をする。「ユッスー」も「ンドゥール」も発音しにくい。

——この人の新譜を買いに行くときは大変でした。店員さんに分かってもらえない。「ンドゥールのCDを探しているのですけど」「えっ？　なにドール？」「だからンドゥールの!」「ええっ?」という感じ。

——さて、それでは受験で「世界史」を選択している人へ質問。ガーナの独立運動指導者で初代の大統領は?

「エンクルマ?」

——そう。でもエンクルマも、綴りはNから始まるから本当はンクルマ。

次、「地理」選択者。アフリカ大陸の最高峰は?

「キリマンジャロ」

——あれも、キリマ・ンジャロと分かれるそうですよ。コーヒーのキリマンジャロを「キリマン」と略したりしているけど、ちょっと問題。

——次にいきます。商品は長く売れ続けた方がいいから、そのためには、名前が古びてしまうと困る。これが「耐久性」。流行語を商品につけると廃れるのも早いですね。

——3つ目。商品を輸出することを考えると、外国人に嫌な印象を与えたり、外国語で変な意味をもっていたりする名前はダメでしょう。「国際性」が必要。輸出するのにマズそうな名前で知っているものある?

「[カルピス]」「[ポカリスエット]」

——よく知ってますね。[カルピス]は、英語では cow piss と聞こえてしまうそうです。piss っておしっこのことですからね。牛のおしっこ! これは飲み物の名前としては致命的。

だから、［カルピス］はアメリカでは［カルピコ］と名前を変えて販売されているそうです。スエットも汗ですからね。あと、コーヒーに入れる［クリープ creap］もどうかな。英語だと creep と同音で、これは虫が這うとか、忍び寄るとか、背筋がぞくぞくするとかいう意味だから。

［ナイーブ］という包み紙を見せて

――これもどうですかね。naive って、日本では純真な、無垢なというポジティブなイメージだけど、原語はもっと否定的な意味なんでしょ。「単純な」とか「ものを知らない」とか。

――そして最後にもちろん、人々の印象に残るような「個性」が商品名としては要求されます。

ネーミングのヒント

ネーミングの技法とその例を紹介する。もっとも授業では数分とって「ザッと眺めてください」で済ませることが多い。

（1）言葉の発明

ア　組み合わせ　　例：COOKDO（中華調味料）↑ cook ＋ do

イ　接合　例：BIGLOBE（プロバイダー）←big + globe
ウ　混成　例：CONTAC（風邪薬）←continuous + action
（略）

（2）言葉の発見

ア　ラテン語　例：NOVA［ノヴァ］（語学学校）…新しい
イ　ギリシャ語　例：CARDIA［カルディア］（カメラ）…心・心臓
ウ　ギリシャ文字　例：Ω（時計メーカー）…（最後の文字から）究極の
（略）

（3）その他

ア　回文　例：CIVIC（乗用車）、ナボナ（菓子）
SEDES［セデス］（頭痛薬）
イ　アナグラム　例：DAKARA（飲料）←KARADA（体）
ジュンク堂（書店）←工藤淳
ウ　逆さ読み　例：EZAK（風邪薬）←KAZE（かぜ）
コンサドーレ札幌←どさんこ（道産子）
（略）

生徒が「へぇー」と賛嘆や発見の声を上げることが多い名前は、［ドコモ］（＝doとcommunicationsとmobileの頭をつないでいる）、［ジュンク堂］（＝創業者の父・工藤淳の姓と名を逆転させている）、［ケイコとマナブ］（＝稽古・学ぶと男女の名前を掛けてある）、［XYゼクシィ］（＝男女の染色体を意味している）などである。

――最近知ったのは［アデランス］の意味。フランス語で「くっついている」という意味だそうです。あれはかぶるんじゃなくて、くっついている。

と言うと、なぜかウケる。

班に分かれての演習

――ハンドアウトの「状況と課題」を読んでください。雑誌のタイトルを考えてもらいます。

状況と課題

K社は広告代理店である。今、クライアント（顧客）である出版社から、今度発行する新雑誌のタイトルを提案するよう求められている。

新雑誌の対象読者、コンセプト、創刊号の目次（抜粋）、タイトルに関するクライアントの要望は次の通りである。

【対象読者】

　お菓子づくり・お菓子の食べ歩きが趣味の人などお菓子に関心のある人。年齢・性別等は問わず幅広く読んでほしい。ただしその道のプロに読んでもらうことは想定していない。

【コンセプト】

　お菓子に関する情報誌であるとともに、同好の人々の情報交換の空間にもなるような雑誌にしたい。

【創刊号目次（抜粋）】

《特集》今、和菓子が旬！

《連載》ケーキづくり・デコレーションはどうする？

　　男もチャレンジ　お菓子づくり
　　この町一番のお菓子屋さん
　　お菓子にまつわるエッセイ・読者投稿欄「私の工夫」ほか
【クライアントの要望】

　和洋中すべてのお菓子を扱うので、洋菓子のみをイメージさせるようなタイトルは困る。

右のような状況で、あなたたちがK社の社員だったとして、どのようなタイトルにするか班ごとに考える。

班は5〜6人編成。机を寄せて作業してもらう。

——この授業の残りと、次回の前半を使います。タイトルが決まったら、各班に配った紙（A３判）に書いてください。これを黒板に貼ってプレゼンテーションしてもらいますから、遠くからでも見えるように大きく書いてください。

雑誌のタイトルを考えてもらうのがメインの課題ですが、余裕があったら、ロゴ（タイプ）のデザインや色も工夫してみてください。

この授業を始めたときにはタイトルだけを考えてもらうつもりでいたのだが、生徒は勝手にロゴに凝ってみたり、マーカーで色づけを始めたりした。そこで、翌年度からは右のような指示をする。

連想ゲーム的に次々と班員が案を出していく班もあれば、まず時間をとって１人ずつ案を考え、発表し合ったうえで検討を始める班もある。ジッと考え込む生徒、電子辞書でキーワードになりそうな単語の外国語訳を調べる生徒や、「こういうの苦手。センスないから」と呆然としている生徒と様々である。

１時間目の授業の最後には次のように言う。

――次の時間も作業を続けてもらいますが、暇を見つけて本屋さんなどに行って、どういう雑誌があるか調べてみるといいでしょう。

班ごとのプレゼンテーションと投票による優秀作品の選出

2時間目の後半、班ごとにプレゼンテーションを行う。プレゼンテーションは1班1~2分。自分たちの考えたタイトルを示しながら、その特長や工夫、セールスポイントを説明してもらうよう指示をする。すべての班のプレゼンテーションが終わったら投票である。投票については

1　(自分たちの案に愛着があるだろうけれど)自分の班には投票しない。

2　各自3点を持ち点とし、「A案に3点」「A案に2点、B案に1点」「A案、B案、C案にそれぞれ1点」のように好きなように配分する。

と指示し、クラスの合計で第1位を選出した。

たまにクラスメートの名前を借りたり、流行語や有名ブランドをもじったりと真剣味に欠ける案もあるが、おおむねきちんと考える。センスの良さを感じさせるタイトルを考案する班も少なくない。

生徒の反応から

この授業でネーミングなど商品開発の大変さを感じとった、商品や商品名を見る目が変わったという生徒は多い。例えば『授業ノート』の次のような感想。

> 今回は授業でおもしろく、わりと軽いノリでやったけど、世の中ではたくさんの人が真剣に商品開発の際に討論しているのかと考えると、なんかすごいな、と。今私の回りにあるシャーペンの［uni］とか、ペンの［ZEBRA］とか、例えば名前とロゴを考えるのに何十回も会議が行われているかもしれないですよね。これにさらに商品の機能や形の会議もあわせたら、一つの商品が市場に出回るまで、どれだけの時間がかかっているのでしょうか……。

経営学・商学系の学部に進学を希望している生徒や、将来広告関係の仕事に就きたいという生徒にとっては特に楽しい授業だったようだ。

今日みたいな授業、めちゃくちゃ好きです！　大学に入ってもこういう系のを学べたら良いなと思います。今日初めて知ったネーミングの由来も多くて、いろいろ面白かったです。

僕自身は、この授業で、日頃目立たない生徒の、審美的なセンスや言葉の響きに対する繊細さに驚かされたり、逆に普段の授業や大学入試のための勉強では抜群の生徒が途方に暮れていたりするのを見て「世の中で必要とされる能力というのは多様なものなのだなあ」と感じる。だから、演習中にも

——この演習では、日頃の勉強とちょっと違った頭の使い方をするでしょう？　2つのソウゾウ力、creativity と imagination が必要だよ。会社ではこういうものも要求されるのだよ。

と言ったりする。大学入試で測られる力のいかに限定されたものかと思う。

9

ゲーム理論を少しだけ

ゲーム理論は面白い。

今では、経済学にとどまらず、社会科学全般、さらに心理学や生態学・進化論など、かなり広い範囲の学問がゲーム理論抜きにはやっていけないだろうから、大学でゲーム理論を学ぶ生徒は多そうだ。受験生の論理的思考力を試すにはいい題材だと考えられているのだろう、大学の入試問題にもよく取りあげられる。

ところが、今のところ「政経」の教科書にはゲーム理論は登場しない。そこで少しだけかじってもらうことにした。

この章で紹介するのは、2～3時間かけて行う「入門・ゲームの理論」の最後の授業。この授業の前に、生徒は、プレイヤー・戦略・利得、利得行列、ゲームの種類（行動決定が同時のゲームか交互ゲームか、ゼロサムゲームかノンゼロサムゲームかなど）、純粋戦略と混合戦略、ナッシュ均衡などについてザッと学んでいる。

囚人のジレンマ・ゲーム

事例5　軍備拡張競争

A国とB国は対立しており、いずれの国も軍備を「縮小」するか「拡張」するかの判断に迫られている。

もし両国とも軍備を「縮小」すれば安定が訪れる。1国が「拡張」し他国が「縮小」した場合、軍事バランスが崩れ「拡張」した国は「縮小」した国を侵略し支配する。両国ともに「拡張」した場合、いずれの国も「財政破綻」に追い込まれる。

両国とも、望ましい状況の順位は、支配（4）＞安定（3）＞財政破綻（2）＞被支配（1）であるとすると、両国の指導者は、「拡張」「縮小」のいずれを選択すべきか？　両国間には不信感があり2国間協議をすることは不可能である。

A＼B	軍備縮小	軍備拡張
軍備縮小	3，3	1，4
軍備拡張	4，1	2，2

ハンドアウトには右のような事例が示されている。黒板にハンドアウトと同じ利得行列を書きながら説明していく。

――今日は、ゲーム理論でもよく取りあげられるいくつかのゲームを紹介します。

——事例5は国際政治にゲーム理論を適用した例です。対立する2つの国があって、それぞれ「軍備拡張」か「軍備縮小」か2つずつの戦略を持っている。

——自分がA国側だとして、自国の安全保障ということを考えると、こちらは「軍備拡張」して、相手は「軍備縮小」してくれれば、軍事バランスが崩れて優位に立てるからこれが一番いい。1〜4点のうち最も高い4点としましょう。

逆に、最も困るのは自分たちが「軍備縮小」していたら、相手は「軍備拡張」に走っていて、気づいたら相手に攻め込まれそうになったり、逆らえなくなっているという状態。これが最低の1点。

——残りの2つは、いずれも軍事バランスは崩れないから、1点と4点の間にあるけれど、「軍備縮小、軍備縮小」の組み合わせの方がベターですよね。

どうして？　削減した分のお金を社会保障とか他の用途に使えるから。

だからこっちが3点で、「軍備拡張、軍備拡張」が2点。

——相手の国もまったく同じように考えるとすると、こういう利得行列ができあがります。

——ナッシュ均衡を探してみましょう。

と言って、相手のそれぞれの戦略に対して最適反応戦略をとっているところを○や□で囲んでいく。

——こうすると、ナッシュ均衡は「軍備拡張、軍備拡張」になりますね（図1）。

ナッシュ均衡が見つかったのはいいけれど、これって、とても嫌な結論ですよね。両国が合理的に自国の利益を考えていくと、どちらも軍備拡張するということになる。

――冷戦の時期に、アメリカもソ連も核兵器をどんどん増やしました。その結果、今、地球上には人類全部を何十回も殺せるぐらいの核兵器があると言われています。なんでそんな馬鹿げた状態になっちゃったのか、このモデルは冷戦期の軍拡競争をよく説明しています。

――どちらの国にとっても、「軍備拡張、軍備拡張」よりは「軍備縮小、軍備縮小」の組み合わせの方がベターなのに、そこはナッシュ均衡じゃないから安定しない。

――このゲーム、利得の値は違うけれど、前にやった、囚人がそれぞれ取り調べを受けて「自白」か「黙秘」か迫られると、どちらも「自白」を選んでしまうというゲームと同じ形をしていることが分かりますか。

こういうタイプのゲームを「囚人のジレンマ・ゲーム」と呼んでいます。ゲーム理論の中で一番研究されているゲームかもしれません。

――需要・供給のグラフの話をした時に、「それぞれの売り手や買い手が、自分のことだけ考えて利益を追求していくことが、実

A＼B	軍備縮小	軍備拡張
軍備縮小	3, 3	1, [4]
軍備拡張	④, 1	②, [2]

図 1

は社会全体にとってもいい結果を生む」という話をしたじゃない。でも、囚人のジレンマ・ゲームではそれが成り立たないんですね。「軍備縮小、軍備縮小」の方がいいのにそこにたどりつけないいんだから。そこが悩ましいところです。

——そうすると、じゃあこの状況からどう抜け出すかということになる。

「世界史」で学んだと思いますけれど、キューバ危機で米ソが第三次世界大戦直前までいったことがあったでしょう。その後、米ソの指導者間にホットライン、つまり直通電話を引きましたよね。お互いに話ができるようにした。裏返せば、それまで米ソ間では、お互いが何を考えているか全然分からなかったわけです。疑心暗鬼のまま自分たちが意思決定しなければならない。典型的な非協力ゲーム。そういう中では、軍備拡張策をとるのがベターだったということです。

——ホットラインを引いたということは、ですから、ゲーム理論的には、非協力ゲームだったものを協力ゲームの形に変えようとしたとも言えそうです。

チキン・ゲーム

事例6　和平交渉

Ａ、Ｂ両国が交戦している。和平交渉が始まったが、講和条件をめぐって折り合いがつかない。

両国ともなるべく自国の提案した条件については妥協せず、相手国の条件については妥協させたい。しかし、両国が非妥協的な姿勢をとり続ければ戦争が続き、両国とも国土が荒廃し、取り返しのつかない打撃を受けることになる。

その結果、このゲームの利得行列は下のようになる（4が最高、1が最低）。さて、両国の指導者は、「妥協」「非妥協」のいずれを選択すべきか。

Ａ＼Ｂ	妥協	非妥協
妥協	3，3	2，4
非妥協	4，2	1，1

事例7　2人の暴走族

暴走族のＡとＢがお互いの度胸を競うことになった。1本道の土手の上で500

m離れて向き合い、お互いに向けてバイクを走らせる。衝突を恐れて先にバイクを逸らした方が負けである。

2人とも命は惜しいが、弱虫の汚名を着るのも避けたい。

その結果、このゲームの利得行列は下の表のようになる（4が最高、1が最低）。さて、A、Bは「回避」か「直進」かどちらを選ぶべきか。

A＼B	回避	直進
回避	3，3	2，4
直進	4，2	1，1

事例6、7についても、ハンドアウトの説明を繰りかえしつつ利得行列を完成させ、ナッシュ均衡を探す（**図2**）。

——事例6でも事例7でも、ナッシュ均衡となる戦略の組み合わせは2つありますね。事例6では「非妥協、妥協」か「妥協、非妥協」。事例7では「直進、回避」か「回避、直進」。

この場合、どちらのナッシュ均衡に落ち着くかは、この利得行列だけからは何も言えません。どちらかに落ち着くということは言えるんですけど。2つのナッシュ均衡の間には優劣はありません。

——例えば、事例6で交渉の始まりの段階ではどちらも非妥協でしょうから、そうすると、このゲームは、最悪の事態を避けたくて先に戦略を変えた方が損をする、我慢比べのゲームと言えるでしょう。こういうタイプのゲームをチキン・ゲームと言います。チキンって弱虫っていうことですよね。

――それでは、もし将来皆さんが暴走族に入って（生徒笑う）このゲームをすることになったら、どうすればいいか。

こうすればいいんです。相手の目の前で、自分のバイクのハンドルかブレーキを壊してしまって、自分ではコントロールできないようにしてしまう。そのうえで「それじゃ、始めようぜ」と言う。

つまり、自分で「回避」の戦略を捨ててしまうわけです（と図2のように二重線を描く）。そうすると、相手は「回避」を選ぶと2点、「直進」を選ぶと1点、1点は嫌だから「回避」を選び、皆さんは4点をとれる（ここで生徒から「ほう」と感心する声が上がることがある）。

――でも、これには問題がありますよね？　自分がハンドル壊したのを見て、相手も「じゃオレも壊す」（生徒笑う）となると最悪の事態にまっしぐら。

つまり、ゲーム理論の前提はプレイヤーが合理的だということだけれど、その前提が崩れてしまうとこの作戦は失敗する。

A ＼ B	回避	直進
~~回避~~	~~3，3~~	~~②，④~~
直進	④，②	1，1

図2

——今の話が面白いのはこういうことじゃないかと思います。

普通、戦略はたくさん持っている方が有利そうですよね。例えば、野球でノーアウト・ランナー1塁のとき、ただ打つだけしか手がないチームより、バントもできる、盗塁もできる、ヒットエンドランもできる、というチームの方が強い。ところが、今の話は、逆に自分の戦略を減らすことで優位に立っている。

——こういうやり方って、現実の国際政治でもありますよ。

どことは言いませんが、「われわれは戦争を辞さない」というような、好戦的で乱暴な発言をしょっちゅうする国があるでしょう。皆さん、ああいう発言を聞くと「いったいこの国は何を考えているんだ？　アブナイ国だな」と思うかもしれないけれど、あれは、何も考えていないんじゃなくて意図的なものなんですね。ああいう発言をすることで、「自分たちは妥協しないぞ」ということを繰り返しアピールしているわけです。そうして交渉相手から妥協を引き出そうとする。こういうのを瀬戸際戦略と呼んだりします。

でもこれもさっきの話と同じで、もし相手国が「それならば戦争もやむなし」と判断したりすると、非常に困ったことになるわけです。

男女の争い・ゲーム

――殺伐とした例が続いたので、今度はのどかな例を。

事例8で、テニス好きのAさんにとって一番いいのは、Bくんとテニスをすることで「テニス、テニス」が4点。次は「私そんなに映画好きじゃないけど、Bくんと一緒ならいいかな」ということで「映画、映画」が3点。次は「それぞれ好きなことをやろうよ、私はテニスやるからBくんは映画行ったら」（生徒笑う）ということで、楽しさは格段に減るけど、好きなことはできるので「テニス、映画」が2点。最後、Aさんが映画でBくんがテニスっていうのは……わけが分からない（生徒爆笑）。何でお互いに好きでもないことをやるのか！

これは最低の1点。Bくんについても点をつけていきます。そうするとこうなる。

事例8　デートコース決め

テニス好きのAさんと映画好きのBくんが、次のデートについて相談しています。

Aさんは「テニスをやりたい」と言い、Bくんは「映画を観たい」と言い張って、意見が合いません。むろん、それぞれが好きなことを別々にやるのでは、面白くありません（それでは

A＼B	テニス	映画
テニス	4，3	2，2
映画	1，1	3，4

デートになりませんから）。

今までと同じく、ナッシュ均衡を見つける（**図3**）。

――チキン・ゲームと似ているけれど、今回は、どちらのナッシュ均衡でも、AさんもBくんも少なくとも2番目にいい利得になっているから、それほど嫌な結論にはなりませんね。

――これはこれでおしまいなのですけれど、このゲームを、今、形を変えて交互ゲームにして考えてみます。

――交互ゲームというのは、プレイヤーが交替で戦略を決めるゲームでしたね。

事例8で、まずAさんが戦略を決めるとします。交互ゲームではゲームの木という樹形図のような図を書くんでしたね。

説明しながら板書していく（**図4**）。

――Aが先に戦略を決めるとしましょう。テニスか映画かを選ぶ。枝が2本に分かれる。次はBの番ですから、Bがそれぞれにテニスか映画かを選ぶ。これで枝が4本になる。これでこのゲームは終わりです。

――そうしたら、それぞれの枝の右に、その枝におけるAの利得

A＼B	テニス	映画
テニス	(4), [3]	2，2
映画	1，1	(3), [4]

図3

とBの利得を書き込んでください。

——さて、ゲームの分析に入るのですけれど、交互ゲームでは「後ろ向きの推論」、backward induction といって、ゲームが終わったところから見ていきます。これがちょっと特徴的。

——このゲームだと、A、Bの順で戦略を選ぶから、Bの戦略から検討します。

Bは、Aがテニスを選んだとき、自分がテニスを選べば自分の利得が3点、映画を選ぶと自分の利得は2点ですから、映画は選ばないですよね。

　と言いながら、映画の「枝」に×をつける。

——同様に、Aが映画を選んだときには、Bはテニスを選べば1点、映画を選べば4点ですから、Bはこのときはテニスは選ばない。

このように選ばれない戦略に×を書いていきましょう。消去するわけです。

——Bの戦略の検討が終わったら、ここが「後ろ向き」

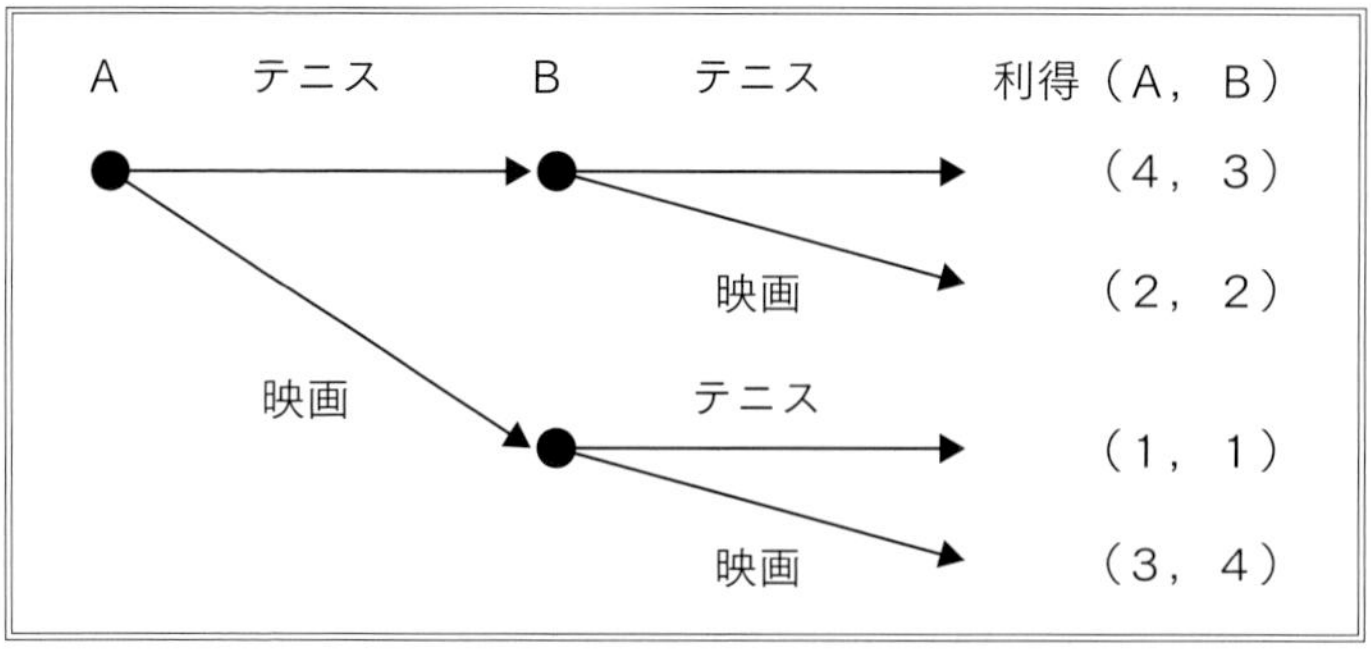

図4

なわけですが、さかのぼって、図で言うと左側に移って、今度はAの戦略を検討します。

Aがテニスを選べば、Bはもうテニスしか選ばないことは決まっているから自分の得点は4点、もし映画を選べば、Bは映画を選ぶに決まっているから自分の利得が3点、ということはAは映画を選びません。

――そうなれば、このゲームでは、Aがテニスを選びBもテニスを選ぶということが決まってくるじゃないですか（図5の太線）。

――このゲームを意思決定が同時のゲームとして考えるとナッシュ均衡が2つあってそのどちらに決まるかは分からなかったけど、交互ゲームの形にすれば「解」は1つになるわけです。

――では、もう一度練習のつもりで、Bが先攻のときにこのゲームはどうなるかやってみてください。

同様にゲームの木を描いて後ろ向きの推論をすると、今度は、Bが映画を選びAも映画を選ぶことになる。

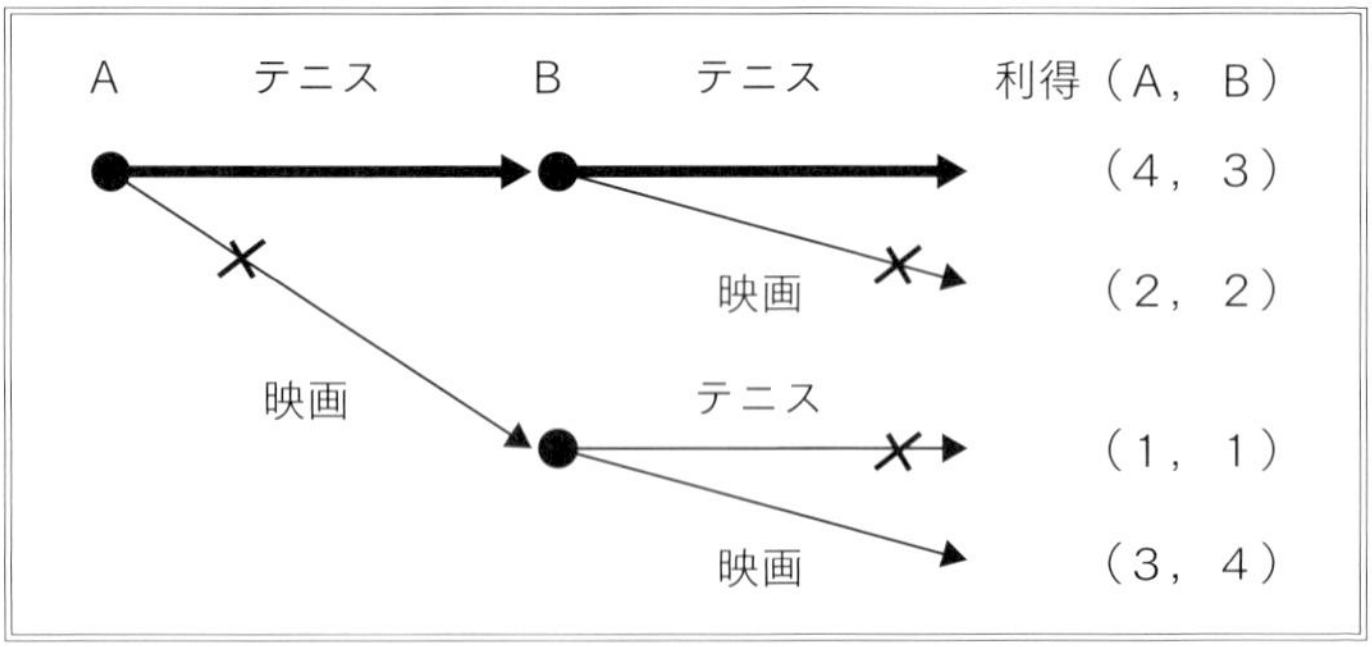

図5

――このゲームの場合、先攻したときの方が自分の利得が高くなりますよね。交互ゲームには、先手が有利のゲームと後手が有利なゲームがあるけれど、そういうこともこの分析から分かりそうですね。例えば、じゃんけんを交互ゲームでやったら絶対に後手有利でしょう（生徒笑う）。それもゲームの木を書けばきちんと確認できる。

――だから、デートの話に戻ると、もし皆さんがAさんのような立場に立ったら、まずはテニスコートを予約し、そのうえでBくんに「ねえねえ、今週末テニスコート予約したから一緒にやろう」と誘えばいいんです。Bくんだったら映画の指定席券を買ってしまう。「先手必勝」ですね。まあ、そういうことばかりやっていると嫌われるかもしれないけれど。

繰り返し囚人のジレンマ・ゲーム

――今までは、1回限りのゲームを考えてきました。でも、皆さんは誰かと、一生に1回だけ人間関係を持つということはまず無いでしょう。旅行先ならともかく。このクラスのクラスメートだったら3年間付き合ってきたわけですよね。そういう継続的な人間関係を、ゲーム理論として、繰り返しゲームをするというようにモデル化したらどうなるか。

――それから、個人でも国家でも、1人だけとか1国だけと付き合うということも無いですよね。例えば、日本はアメリカとも中国とも韓国とも付き合っている。それをゲームとしては総当たり戦として考えてみる。

——さらに、日本の外交で言えば、例えば北朝鮮との関係が改善されたとしても、そのことでアメリカの機嫌を損ねたり、韓国との関係が悪化したりということになるとまずいでしょう。いろいろな国との付き合いのいわば合計点を外交のポイントと考えてみる。

——個人同士でも、国家間でも、囚人のジレンマ・ゲーム的な状況は生じやすいのだけれど、今話したようなことを考えて「囚人のジレンマ・ゲームを、多数のプレイヤー同士が、総当たりで繰り返し行う場合、もっとも利得の合計を高くする戦略はどのようなものだろうか」ということを考えた研究者がいました。それを最後に少しだけ紹介します。

——この場合の戦略は、1回限りではなくて、例えば常に「協調」を選ぶ、言ってみればお人好しな戦略とか、逆に全然人を信じずに常に「裏切り」を選ぶ邪悪な戦略とか、相手が「協調」する間は自分も「協調」するんだけど、相手が一度でも裏切ったら「絶対許さねえ！」とその後はずっと「裏切り」を出す（生徒笑う）戦略、これはトリガー戦略と呼ばれています、ちょっと執念深いですね、などなどいろいろな戦略が考えられるわけです。

——しかも、この研究を行ったアクセルロッドという人は、これをコンピュータ上でやってみたのです。とにかくゲーム数がめちゃめちゃ多くなるでしょう。例えば40人のクラスで総当たりだと、40×39÷2で780試合？　それぞれ10回ずつ手を出しあったとしても780

0回。疲れそうですよね。

――これを、人を集めて実際にやるのは大変。だからコンピュータを使ってやる。こういうシミュレーションに基づく研究は、コンピュータが発達したから可能になったタイプの研究と言ってもいいでしょう。

R＝アクセルロッド『つきあい方の科学――バクテリアから国際関係まで』（ミネルヴァ書房）から「コンピュータ選手権のやり方（pp. 29―32）」の節の抜粋を読み進めながら、板書した**図6・7**も参照させつつ説明していく。

――「しっぺ返し戦略」という単純な戦略が強力だというのが面白いですよね。「しっぺ返し戦略」を知った時に僕が思い出したのは何だと思う？……年賀状です（「あーなるほど」という顔を

自分＼相手	協調	裏切り
協調　（○）	3，3	0，5
裏切り（×）	5，0	1，1

図6

プレイヤーA		プレイヤーB	
得点	戦略	戦略	得点
3	○	○	3
0	○	×	5
1	×	×	1
3	○	○	3
:			:

図7

する生徒がいる)。

年賀状、皆さんどういう風に出す相手を決めてますか。もし、昨年の正月に来た人には出し、昨年来なかった人には出さないと決めているとしたら、これって「しっぺ返し戦略」ですよね。もしお互いが「しっぺ返し戦略」をとるとすれば、その２人は末永く年賀状の交換を続けられるでしょう。

生徒には、アクセルロッドが「囚人のジレンマの渦中にいる人々へのアドバイス」として書いた「四つのアドバイス（pp. 114－130）」の抜粋も印刷・配布しているが、だいたい時間切れになってしまう。次のように言う。

――残りのプリント、家に帰って読んでください。処世訓として役に立つかもしれませんよ。それからこの本は本当に本当に面白いので、今回の授業でゲーム理論に関心をもった人は、大学に入ったら是非読んでください。

10

行動経済学を垣間見る

大きな書店に行き経済学の書棚を眺めると、今では、その一角に必ず行動経済学関連書がズラッと並んでいる。行動経済学は人気があるようだ。何冊か、行動経済学の入門書を読み、その内容を借りて「政経」で授業をしてみようと思った。

授業の流れ

この授業は
1　意思決定・行動選択を求める問を投げかけ、生徒に回答させる
2　生徒の回答分布を挙手などにより確認する
3　「経済人（によって構成される集団）」であればどのような回答になるはずかを考えさせる
4　2と3の間のズレの意味と、それを行動経済学がどのように解釈するかを解説する
という流れになっている。実験を多用する行動経済学の研究プロセスを、生徒自身が被験者になり擬似的に体験するという要素を組み入れてみた。

人の合理性をめぐって

——今からいくつかの質問をしますので、回答用紙に答を記入していってください。その際、僕が「いいよ」というまで相談したりしないでください。つぶやいたりもしないでください。お互いに情報交換されると困るのです。

——それでは【問1】から。

1から100までの整数のなかから1つを選んでもらいます。

（こう言うと、いち早く数を決めて書こうとする生徒がいる。）

——あ、ちょっと待ってください。全部聞いてから書いてください。

次のようなゲームをするとします。

皆さんが、1から100までの数から1つ選んで回答用紙に書きますよね。そうしたら、それを僕が集めて、全員の平均値を計算します。平均値が出たら、それに3分の2を掛けます。3分の2倍する。そうするとある値が決まりますよね。

その値に一番近い数を最初に選んでいた人が「勝ち」とします。

1回聞くだけだと分かりにくい説明なので繰り返す。

——さて、こういうゲームをするとしたら、皆さんは勝つために どんな数を選びますか？

その数を書いてください。

あまり時間をおかずに書く生徒もいれば、考え込む生徒もいる。

説明に入る。

まず復習として「経済学のものの見方・考え方」で学んだ「経済人（homo economicus）」とはいかなるものだったかを思い出してもらう（p.180参照）。


経済学がモデルとして想定している経済人（homo economicus）は
1 理解や判断に関して完全に合理的で（合理的）
2 感情に左右されず（自制的）
3 自分の利益（のみ）を最大化するよう行動する（利己的）。

——前に、経済学では「経済人」という人間のモデルを想定して、その「経済人」が集まった社会でどういうことが起きるかを考えていくんだという話をしましたよね。経済人の特徴を確認しておきましょう。経済人は、利害得失の計算とかをパパッとできて、冷静で、衝動買いをしたりすることもなく、しかも自分の利益だけを考えるんでしたよね。

——さてそこで皆さんに答えてもらった【問1】です。皆さんどんな数を選びましたか？手を挙げてもらおうかな。

50以上の数を選んだ人……40から49の、40台の人……30台の人……

と、順に1ケタまで聞いていき、1ケタの生徒は指名して選んだ数を尋ねる。

50以上の数を答える生徒はほとんどいない。10～30台が多い。1ケタを選ぶ生徒がたいてい数人いて、そのうち何人かは「1」を選んでいる。

――じゃ、もし皆さんが経済人だったらどうなるでしょう。
誰がどんな数字を選ぶか全然分からないのだから、1～100までの中からランダムに選ぶと仮定しても悪くないですよね。そうすると平均値は……

「50」

――そうですよね。50ぐらいになりそうですよね。そうすると、それに3分の2をかけるとだいたい33、そうしたら33を選択した人が「勝ち」ですよね。

生徒はウンウンとうなずく。

――でも、それで終わりじゃない。皆さんが経済人ならば、33が「勝ち」の数と予想できるんだから、勝とうとしてその数を選ぶはずじゃない。
そうしたら、みんなが33を選ぶことになるから、平均値も33になって……

というあたりで、アッという顔をする生徒が出てくる。

――それに3分の2をかけると22。22が「勝ち」の数になる。
……ということを予測できれば、みんなが22を選ぶから「勝ち」の値は14か15。……ということを予測できれば……と繰り返して考えていくと、結局、どこに行き着くわけ?

「1だー!」

この推論の連続は生徒にかなりの驚きをもって迎えられるようである。クラスのどよめきについていけなかった生徒が隣の生徒に「どういうこと?」と尋ねている。

――たぶん皆さんの多くも「勝ち」の値が小さくなりそうだということは予測できたのでしょう。そこは経済人と同じです。ただ、その思考を最後まで突き詰めないで、どこかでやめてしまったんじゃないかと思います。

なお、「1」ではないが一桁の数を選んだある生徒に理由を聞いたところ、

「僕は1になるかと考えたけれど、そう考えない人もいるだろうから……」

と言う。全員が「1」を選ぶためには、全員が経済人で、かつ、お互いが経済人であることを知っているということが必要なのだ。

アンカリング効果

――【問2】にいきます。

今からある物を見せますので【問2】の①と②に答えてください。

と言って、50グラムの純金のバーを見せる。なるべく高校生が価格を推測しにくいものを

選びたい。見せるだけだと、失礼にも「偽物じゃないの？」などと言う生徒がいるので、順に回覧して、重さからも本物であることを感じてもらう。
実は、生徒に配る回答用紙にしかけがある。

【問2－①】
熊田が見せた物は1万円以上するか、しないか。　する　しない
【問2－②】
熊田が見せた物はいくらぐらいか（千円単位で答える）。

となっているもの（回答用紙A）と

【問2－①】
熊田が見せた物は10万円以上するか、しないか。　する　しない
【問2－②】
熊田が見せた物はいくらぐらいか（千円単位で答える）。

となっているもの（回答用紙B）の2通りがあるのだ。

そして、生徒には言わずに、例えば教室の右半分には回答用紙Aを、左半分には回答用紙Bを配っておく。

──じゃ、【問2－②】、この金貨がいくらぐらいと予想したか答えてください。

と、回答用紙Aを配った列の生徒（7人とか9人とか）を指名し、予想金額をどんどん板書していき、続いて回答用紙Bを配った列の生徒（同じ人数）にも尋ねる。

うまくいかないときもあるのだが、出てきた予想金額の中央値をとると、回答用紙Bを配った列の生徒の方が高くなることがほとんどだ。時に、その差はかなり大きくなる。回答用紙Bを配られた生徒が「12万円」「20万円」などと予想金額を答えていくと、回答用紙Aを配られている生徒から、

「何であんなに高い（予想をする）の？」「おかしくない？」

と不思議そうなつぶやきが出たりする。「しめしめ」と思う。

（うまく差がついたら）

──どうして、同じ物を見て、こちらの列とそちらの列でこんなに予想金額が違うんでしょうね？

一息おいて、回答用紙Aを受けとった生徒を指名する。

──【問2－①】の文を読んでみて。

「熊田が見せた物は1万円以上するか、しないか。」

そう読み上げると、回答用紙Bを受けとった生徒が「え？」と怪訝な顔をしたりザワザワしたりする。そこで今度はそちらの生徒に読んでもらい、種明かしをする。

――こっちの列と、そっちの列で【問２－①】の文が違っているんです。

「そうか！」「そうだったのか！」という声があがる。

そこでアンカリング効果について説明する。自らが被験者となった実験の後でもあり、生徒の納得度は強いようだ。

――だから、こうやって値下げした（ように見せかけた）価格表示に意味がある。買い手にとっては１００００円が「アンカー」になるわけです。

~~１００００円~~　７５００円

――【問１】や【問２】の結果から、どういうことが分かりますか？

人間は、経済人のように完全には合理的ではないということがよく分かりますよね。とことん考えを突きつめることができなかったり、余計な情報によって予測が引っぱられてしまったりもするわけですから。

非合理なりのクセ

──【問3－①】にいきます。

いま僕が皆さんに2万円をあげたとします。いいですね。皆さんは2万円をゲットしたとイメージしてください。

その上でさらに、皆さんは次の2つのどちらかを選ぶことができます。

（a）のオプションは、さらに5000円が確実に得られます。

（b）のオプションは、「1／4の確率で2万円を得るが、3／4の確率で何も得られない」くじを引くというものです。

（もう1回繰り返す）

──（a）か（b）のどちらを選んでください。

──次。もう1つ、似たような質問をします。これが【問3－②】。

今度は、僕が皆さんに4万円をあげます。4万円ですよ。

その上で、今度は皆さんは次の2つのどちらかを選ばなければなりません。

（c）では、皆さんは15000円を取りあげられてしまいます。つまり、15000円確実に損する。

（d）では、「3／4の確率で2万円の損をするが、1／4の確率で何も損をしない」くじを引かなければなりません。

どちらを選びますか、(c)か(d)のどちらかを○で囲んでください。

（a）と（b）、（c）と（d）について、挙手でクラスの分布を確認する。

（b）や（d）を選んだ生徒に対して「ギャンブラー」といった声がかかったりして笑いが起こる。

これまた、おおむね【問3－①】では（a）が多く選択され、【問3－②】では（d）が多く選択される。行動経済学の実験結果と同じ傾向である。

――(a)を選択した人数が(b)を選択した人数より多く、(d)の人数が(c)より多いですね。

もちろん一人ひとりの選択は違うから、人によっては(b)と(c)を選ぶこともあるでしょう。ここでは集団としての、統計的な傾向を言っているわけです。実は、こういう傾向は、さまざまな研究でも確認されているそうです。

でも、これってヘンな結果だと思いませんか。

(a)と(c)を比べてみてください。これってどちらも、最終的には2万5千円を確実に得られますよね。同じように、(b)と(d)はどちらも1／4の確率で4万円を得られるか、3／4の確率で2万円しか得られないという点で同じですよね。

つまり【問3】の①と②って、結果的には同じことを聞いているわけでしょう？　そうしたら、（a）を選ぶ人は（c）を選びそうなものだし、（b）を選ぶ人は（d）を選ぶのが合理的じゃないですか。

生徒から「なるほどー」と声があがる。

――ところが、さっきも言ったように（a）と（d）が選ばれがちだったりする。現実の人間は必ずしも経済人のようには合理的でない。ところが、その合理的でない考え方の中にも、一定の法則、考え方のクセがあるようなんですね。

例えば、野球のピッチャーでコントロールが悪いという場合、ボールの行き先がまったく定まらないというのではなくて、どういうわけか外角に逸れてしまいがちだとか、そういうのと同じで、人間の考え方は経済人とはズレているんだけれど、そのズレに法則、クセがあるらしい。

――クセがないノーコンのピッチャーは対処しようがないけれど、クセが分かっていれば、対応のしようがありますよね。キャッチャーがその分、内角にミットを構えるとか。僕はよく知らないけれど。

それと同じように、経済人とズレている人間の考え方も、そのクセをつかまえることができれば、それを使って経済学のモデルをより現実に近づけることができるじゃないかと考えた人たちがいるのです。

――前に、経済学の考え方の話をしたときに、物理学の力学でも、まずは摩擦や空気抵抗ぬきにモデルをつくるという話をしたでしょう。でもその後、摩擦なども考えに入れて、現実をより正確に説明・予測できるようにしようとする。今の話は、経済学で「摩擦をモデルに入れよう」というようなことです。

こういう研究をする分野を行動経済学といいます。行動経済学は21世紀に入って急速に注目されるようになってきました。

そのあと、【問3】について、行動経済学者はこのような非合理的な傾向について、「人間は、絶対的な利得の水準ではなく、参照点からの変化で価値を評価する（参照点効果）」「人間は、利得の領域では危険回避的、損失の領域では危険追求的になる（反転効果）」といった形で説明しようとしている（仮説を立てている）と話す。

人の利己性をめぐって

後半は人の利己性について。【問4】は最後通牒ゲーム、【問5】は独裁者ゲームと呼ばれるものである。これを考えてもらう。

――【問4】です。次のようなゲームを考えます。2人1組のゲームです。2人のどちらかがA、どちらかがBになります。

まず、Aになった人に僕が1万円を渡します。Aの人は1万円もらいました。次に、Aは、0円から1万円の範囲内で、Bに「何円あげる」と、プレゼントする金額を決めてBに提案します。

Bは、この提案を受け入れてもいいし、拒否してもいいんです。

もしBが受け入れれば、1万円はAの提案通りにAとBの間で分配されます。

Bがもし提案を拒否したら、1万円は僕が取りあげてしまいます。つまり、この場合、AもBも取り分は0円になる。

――そこで質問は2つ。

もしあなたがAの立場だったら、何円をあげるとBに提案しますか。

もう1つの質問は、もしあなたがBの立場だったら、Aの提案が何円以上だったら提案を受け入れますか。

――【問5】です。

今度も同じように2人1組のゲームです。

まずAが僕から1万円を受けとります。

Aは、0円から1万円までの範囲で、Bに贈与する金額を決める。ここまではさっきのゲームと同じです。

違うのは、今度は、BはAの提案を受け入れなければなりません。拒否できないのです。

そこで質問です。あなたがAだったら何円を贈与するとBに提案しますか。

「拒否できない」というところで生徒から笑いが漏れたり「どこがゲームなんだ？」と声があがることがあるので次のように言う。

――このゲームは独裁者ゲームと呼びます。さっきのゲームは最後通牒ゲーム。

生徒に挙手してもらい回答分布を確認すると

1　【問4】のAの立場では、（経済人同士のゲームでの「正解」である）「1円」と答える生徒はクラスでせいぜい2～3人、5000円と答える生徒が3分の1から半分程度となる。

2　【問4】のBの立場では（同じく経済人同士のゲームでの「正解」である）「1円」と答える生徒が数人、多くは2000～3000円程度を基準にして、それを下回る提案は、自分が損をするにも関わらず拒否する。

3　【問5】のAの立場では、提案する贈与額が【問4】よりは小さくなるが、それでも「0円」と答える生徒はほとんどいない。

【問4】については、ゲームの樹を描き、後ろ向きの推論をしてみせる。

――まずAが0円から1万円まで、贈与額を提案しますね。それに対して、Bが受け入れるか（図のOK）、拒否するか（図のNO）を決めて、その結果でAとBの利得が決まる。

Aの贈与額が0円だと、BはOKでもNOでも自分の利得は0円ですから、コイン投げかなにかで適当に決めます。

それ以外のときはいつもOKを選んだ方がBは自分の利得を大きくできるからOKを選ぶ。NOを選ぶことはないわけです。Bが経済人ならば。

それを踏まえてAの戦略を考えます。Aが0円を提案すると、Bは2分の1の確率でOKかNOかを決めるから、Aの利得の期待値は5000円、それ以外の戦略については、Aの利得は、上から順に9999円、9998円と減っていきます。ですから、Aは自分の利得を最大化しようとしたら9999円になるように、つまりBに1円贈与するというのが合理的でしょう。

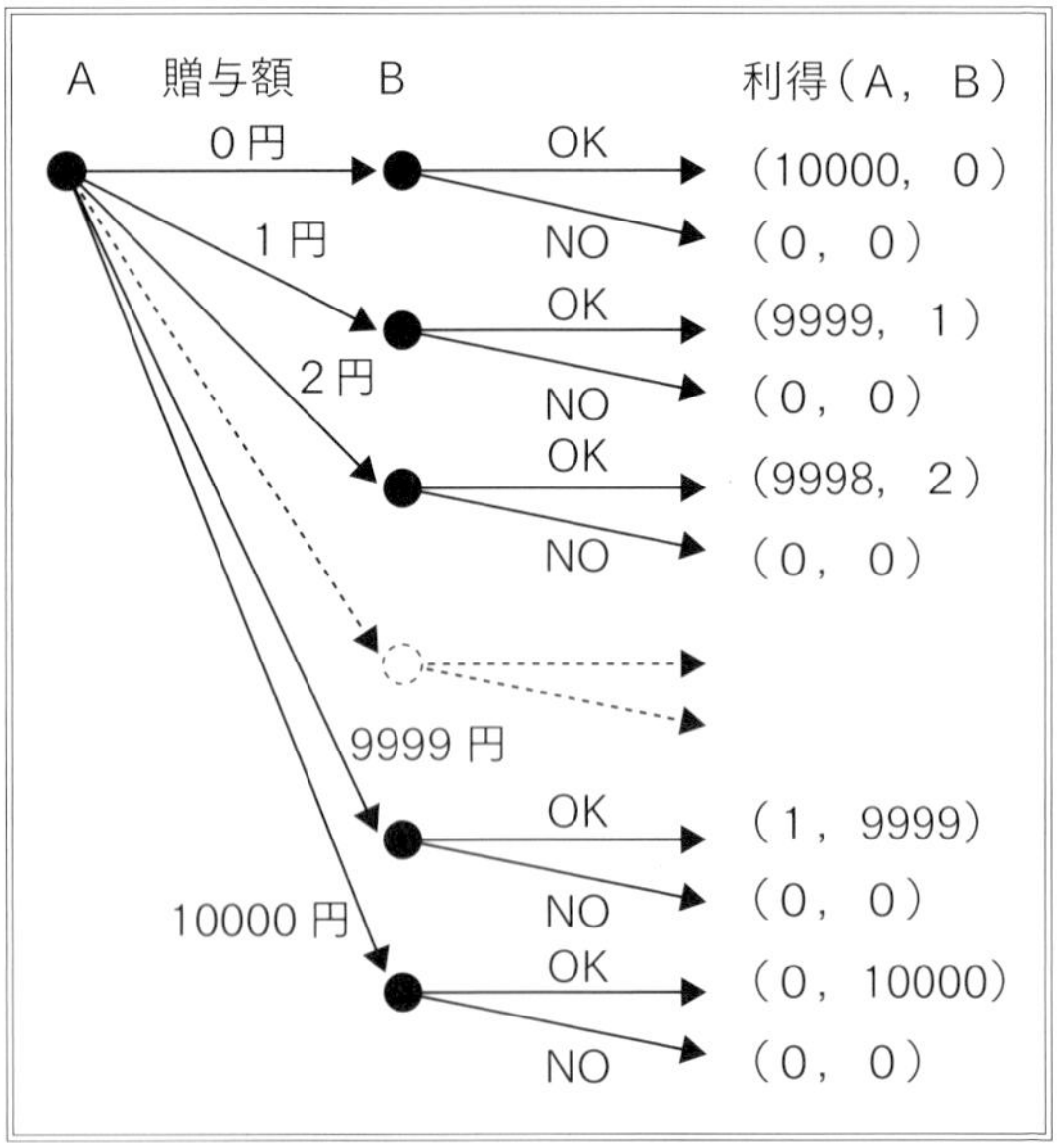

——ところが生身の人間は、ほとんどの場合そういう風に考えないのですね。皆さんの結果

もそうでしょう？
例えば、【問４】のＢ、自分が損すると分かっていても、Ａの提案が不公平だと思うのでしょうか、拒否したりしちゃう。そうするとＡも拒否されるのが怖いから、半分あげちゃったりする。

ここから、行動経済学では、こういった現象を「人は、自分自身だけでなく他者の利得をも考慮して行動する（社会的選好）」「人は、相手の好意的／敵対的な行動に対して、同じようにふるまう（互酬的動機）」といった概念で説明しようとしていくんだよという話をしていく。

時間の余裕がある場合には、この他「利得と損失の非対称性」「あいまい性を回避する傾向」「メンタル・アカウンティング」に関わる実験結果や、それに関する解説を行ったりもした。

授業の最後には、行動経済学を紹介したコラム・筒井義郎「やさしい経済学　合理性と利己性を問う　１」（２００６年４月７日付『日本経済新聞』）を読んでもらい、次のように補足する。

——注意してほしいのは、行動経済学は、今までの経済学や、そのモデルを全面的に否定しているわけじゃないということ。あくまで今までの経済学のモデルに修正を加えようとしているということです。

それから、今日の授業を聞いて「経済学の話なのに、心理学入ってるな」と思った人がいるでしょう。そう思った人は鋭い。実は、この記事に出てくるカーネマンという、行動経済学の創始者でノーベル経済学賞を受賞した人ですけど、この人はもともと心理学者なんです。その人が、心理学で得た知見を、人間の経済行動に適用してみたということなんですね。

11

市場に任せていいこと・悪いこと

お!!!
痩せれば
378ドル…
本を読んだら
2ドル…
すべてを
市場に任せても
いいのかな…???

社）の抜粋を読んでもらいながら、経済学（者）のものの見方・考え方を紹介する。
経済分野の最初に、S＝ランズバーグ『ランチタイムの経済学』（日本経済新聞
そこでは
1　経済学は、経済現象についてモデルをつくって考える
2　人間についても「人間は〇〇のように行動するものだ」というようにモデルをつくって考える。基本的には「経済人＝ホモ・エコノミクス」というモデルを想定する
という話をするのだが、そうすると、生徒がたまに、「経済人」をあたかも「生きるためのモデル」と捉えてしまうことがある。つまり「人間は、合理的かつ利己的であるべき・・・だ」というように考えてしまうということだ。

また、市場メカニズム（価格機構）の授業では、市場で価格が上下することを通じて需要と供給が調整され、均衡点に達したところで「その価格で需要されるだけの財・サービスがピッタリ市場に供給される」という話をして、その仕組みの見事さを、旧ソ連の計画経済下での物不足などと比べて語る。「市場は素晴らしい！」と。

それは間違いではないのだが、市場の効率性を強調することで、生徒が「市場万能主義」に陥ってしまうのではないかとちょっと心配になったりする。市場の肯定

的な面を理解してもらいながらも、一方で市場について批判的な見方を紹介したい。
そこで、M＝サンデル『それをお金で買いますか』（早川書房）を用いた授業を考えてみた。

英文に挑戦

Michael J. Sandel “*What Money Can't Buy*” の冒頭部分の抜粋を配って読んでもらう。別に原文で読んでもらわなくてもいいのだが、ここでは「高度なことを学んでいる」感を出して生徒の知的好奇心をくすぐり、英語の勉強との「一石二鳥」も狙ったりするわけである。

引用した文章は次のようなもので、高校3年生にとっては、いくつかの単語や、the car pool lane のような日本になじみの薄い制度を除けば、それほど読解に苦しむものではないようだ。

> There are some things money can't buy, but these days, not many. Today, almost everything is up for sale. Here are a few examples :

• A prison cell upgrade：$82 per night. In Santa Ana, California, and some other cities, nonviolent offenders can pay for better accommodations — a clean, quiet jail cell, away from the cells for nonpaying prisoners.
• Access to the car pool lane while driving solo：$8 during rush hour. Minneapolis and other cities are trying to ease traffic congestion by letting solo drivers pay to drive in car pool lanes, at rates that vary according to traffic.
• The service of an Indian surrogate mother to carry pregnancy：$6,250. Western couples seeking surrogates increasingly outsource the job to India, where the practice is legal and the price is less than one-third the going rate in the United States.（以下略）

読みながら「額に広告を出すんだって」と笑ったり、「obeseって何だよ」「肥満だろ」と教えあう生徒もいる。英語に苦戦する生徒でも、回りの生徒とやりとりするなかで、おおむね大意はとれるようだ。

あるクラスでは、配ってすぐ「先生、これサンデルですよね」と気づいた生徒がいた。そこまでではなくても、「これは、何年か前にＮＨＫで『白熱教室』が話題になったマイケル＝サンデルというハーバード大学の哲学者の文章です」と言うと頷く生徒は何人もいる。もしかすると現存する哲学者としてサンデルは最も有名かもしれない。

それは認められることなのか

サンデルの15の事例を短くまとめた一覧を配布する。

1	刑務所の独房の格上げ：一晩82ドル
2	一人で車に乗っていても相乗り車線を利用できる権利：ラッシュアワーのあいだ8ドル
3	インドの代理母による妊娠代行サービス：6250ドル
4	アメリカ合衆国へ移住する権利：50万ドル
5	絶滅の危機に瀕したクロサイを撃つ権利：15万ドル
6	主治医の携帯電話の番号：年1500ドル～
7	1トンの二酸化炭素を大気中に排出する権利：約18ドル
8	子どもを名門大学へ入学させる：？
9	額（あるいは体のほかの部分）のスペースを広告用に貸し出す：777ドル

10	製薬会社の安全性臨床試験で人間モルモットになる：7500ドル
11	民間軍事会社の一員としてソマリアやアフガニスタンで戦う：1月250ドル〜1日1000ドル
12	議会の公聴会に出席したいロビイストの席をとるため、連邦議会議事堂の行列に徹夜で並ぶ：1時間15〜20ドル
13	あなたがダラスの成績不振校の2年生なら、本を1冊読むといい：2ドル
14	あなたが肥満体だとすれば、4か月で約6.3kg痩せるといい：378ドル
15	病人や高齢者の生命保険を買って、彼らが生きているあいだは年間保険料を払い、死んだときに死亡給付金を受け取る：ことによると数百万ドル

補足の説明をしながら、これらの事例について

1　否定的（認められない／問題がある／良くない）
2　どちらかというと否定的
3　どちらかというと肯定的
4　肯定的（構わない／問題ない／悪くない）

の4段階で評価してもらう。

事例2の the car pool lane（交通渋滞や大気汚染の防止を目的として、近隣の住民が自家用車に相乗りして通勤することを促進するため、一定数以上の人間が乗車している車のみが利用できる車線）や、事例15の、病人や高齢者の生命保険の第三者による購入は、日本の高校生にとって日常的になじみがなく、分かりにくかったようだ。

なぜなら、公共交通機関が発達している東京では、車による通勤は主流ではないし、日本では死亡保険金受取人についてより厳しく制限されていることから、このような「産業」は成り立っていないからだ（サンデルによれば、アメリカでは事例15のような生命保険契約が「300億ドル産業になっている」とのことだが）。

15の事例への評価が済んだら、次のように言う。

――それぞれの事例に対する評価には、むろん事例ごとに個別の理由があるでしょうけれど、全体を通じて「こういう類のものはダメ」とか「この程度ならいい」とか判断した根拠なり基準なりもあるでしょう。

例えば事例5「(絶滅危惧種の) クロサイを撃つ権利」と事例7「排出権取引」には、環境を保護するため（の市場的な対応）という共通点がある。だから、事例5と事例7を同じように評価した人もいるでしょう。もし事例5と事例7への評価がずれていればそれはなぜかということになりますよね。

事例9「額など体の広告用貸し出し」と事例10「臨床試験の人間モルモット」も、自分の身体の商業的利用という点では共通するでしょう。自分の身体や健康に関する自己決定ということが鍵になるかもしれないですね。

事例ごとの判断の違いが、「程度の問題」――この程度ならOKだけど、これはちょっとやりすぎとか――ということであれば、どこで線を引いたのかということになるし、医療とか教育といった「分野」が問題なのかもしれません。

そういうことをあれこれ考えて「自分はなぜこういう判断をしたのか」を書いてください。

事例によって「市場化」への評価は変わってくるだろうが、そこに一貫する論理があるかどうか、自分の判断についてモニターしてもらおうと考えたわけである。「個々の事例への自分の判断」についての理解、いわば「メタレベル」の理解を求めたと言えるかもしれない。

他の人はどう考えるのか

机の近い3～4人ずつで、個々の事例への肯定的／否定的評価や、評価の根拠や基準について意見交流をしてもらう。

――事例1から順に、班のメンバーの評価を確認していって、少し意見を出しあってから先に進むというようにしてください。特に、評価が分かれた事例については長めに議論してください。

班でのやり取りがおおむね終わった段階で、事例のいくつか（議論が白熱しそうなもの）について、クラス全体でも意見を求める。

事例ごとに、先に肯定的（評価４・３）か否定的（評価２・１）か挙手で分布をザッと確認して、双方の意見を求め、また相互に反論してもらう。

例えば、事例１「刑務所の独房の格上げ」についてあるクラスでは、「金持ちの犯罪者から金をむしり《ママ》取ることで、刑務所を運営するための税金を減らすことができる」といった賛成意見がある一方、「独房に入れる本来の意味（受刑者の反省を促す）が失われてしまう」「貧しい受刑者にとって不平等」という反対意見が出た。ちなみに、この反対意見の２つは、サンデルの主張する「市場社会」の２つの問題点にみごとに重なっている。

サンデルは何を問題視しているのか

サンデルは社会が全面的に市場化することの何を問題視しているのか。

彼の主張を理解するには『それをお金で買いますか』を読んでもらうのが一番だが時間はない。幸い、ネット上にＴＥＤでのサンデルの講演内容を文章化したもの（日本語）があったので、一通り意見交流が済んだ後に、それを生徒に読んでもらった。

そのなかでも、特に次のような部分に注目してもらう。

……ではなぜ私達は市場社会になることに不安を感じるのでしょうか？　2つ理由があると私は思います。理由の1つは不平等に関するものです。……不平等に関わる不安の他にも、もう1つ理由があります。それは、社会的なものや慣習には市場的な考え方や市場価値が導入されたとたんに意味が変わってしまうものがあって、大切にする価値のある態度や規範が失われるかも知れません。……

「不平等」と「慣習等の意味の変質」がキーワードだろう。

2つ目について、サンデルは「腐敗」とも表現している。次のように補足説明した。

──例えばこういうことだよ。

皆さん、高校生活も終わりに近いし、受験勉強で忙しいけど、高校最後の思い出にと、必死の思いで好きな子をデートに誘ったとする。

「ねえねえ、今度の日曜日にディズニーランドに行かない？」

そしたら、彼なり彼女なりが

「行ってもいいよ～。10万円くれたらね」

と言う（生徒爆笑）。

これでもし彼／彼女とディズニーランドに行ったとしても、なんか意味が違ってくるでしょう？　これってもはやデートじゃないよね。援交か?!　って感じでしょう。

最後に、サンデルが指摘する「市場社会（ほぼすべてのものに値段が付く社会）」の問題、すなわち「不平等」と「慣習等の変質・腐敗」について意見を書いてもらった。

市場について多角的に考えられるようになってほしいものだ。

12

批判的思考を育てたい

いくつになっても情報に騙される。ここ十数年でイタい目にあったのは「江戸しぐさ」。地下鉄だったかの公共広告機構の広告を見て「なるほどねぇ。江戸時代の人は偉いもんだ」と思っていたのだが、しばらくしてそのアヤシサが指摘されるようになってきた。

自分自身のそんな体験もあって、「政経」の授業にあたって、批判的思考力を育てることを日頃から心がけている。

「組み込んで行う」批判的思考の授業 ―情報源の信頼性

例えば、批判的思考の構成要素のひとつに、情報源の信頼性を判断することがあるが、これに関わって「5月3日の社説を読む」という課題を毎年度用意している。

この課題は、毎年5月3日（憲法記念日）の『朝日新聞』『産経新聞』『東京新聞』『日本経済新聞』『毎日新聞』『読売新聞』の社説（ただし、日本国憲法に関するもののみ）を、紙名が分かる情報を隠したうえで並べて配布し、

1　それぞれの主張を要約する

2　それぞれの社説について、日本国憲法に対する護憲／改憲の色合いがどうか、6段階で評価する
3　どの社説が何新聞のものか予想する（これは無茶振り）
4　作業を終えての感想を書く

というものである。この課題は、直接的には、日本国憲法に関するものだが、同時に、情報の偏りを考えさせる教材にもなっているわけだ。

「組み込んで行う」批判的思考の授業 ―推論と明確化

演繹・帰納などの「推論」も批判的思考の構成要素だが、法律分野を扱う際に推論そのものについて触れる。典型的なのは、法的三段論法である。

つまり、法を現実に当てはめる場合には、

①　法の解釈（法には何と書かれているか）
　例：人を殺した（要件）ならば死刑又は無期若しくは5年以上の懲役（効果）
②　事実の認定（事実はどうなのか）
　例：Aさんは人を殺した

の2つから、

③ 判断（判決等）（法に照らすとどうなるか）

例：Aさんは 死刑又は無期若しくは5年以上の懲役

という結論を導き出す。

――これは数学でいつも使っている「A→B、B→C、∴A→C」と同じ（考え方）だよね。

と説明していく。

また、「法の解釈」とは、例えば殺人であれば、「人」とは何を指すか（胎児はどうか、脳死した者はどうかなど）、「殺す」とはどういうことか（丑の刻参りで呪い殺すのはどうか、怪我をさせようとしたら死んでしまったらどうかなど）を決めることであり、それは批判的思考の構成要素のひとつである「明確化」と重なる。

これらはいずれも、「政経」の教育内容・教材の中に、批判的思考力を育てる内容を「組み込んだ」取り組みと言えるだろう。

「とりたてて行う」批判的思考の授業 ―明確化

右のような取り組みとは別に、批判的思考に関する知識・技能・態度などを直接的に教えることを考えた。「とりたてて行う」批判的思考の授業である。

授業で使ったハンドアウトは5つの【問題】で構成し、授業は、生徒に発問し、生徒の回答を受け、解説を行いながら進める。

【問題1】は次の通りである。

(1)「少年の凶悪犯罪が増えている」という主張をより**明確な**ものにするためには、どうすべきか考えなさい。
(2)「戦後教育が日本をダメにした」という主張をより**明確な**ものにするためには、どうすべきか考えなさい。

これは、批判的思考の出発点となる「明確化」に関する問題である。いきなりこの問題を生徒に投げかけると、その趣旨がつかめないこともあるようなので、次のような説明をする。

――例えば、誰か大人が(1)のような主張をしていたとするでしょう。それであなたがそれに反論して議論になったとする。しばらくして、相手は自分が子どもの頃の、1970年代と比べて「増えている」と言っているのに、あなたはせいぜいここ5年間のことをイメージして反論していることに気づいたりする。議論がすれ違っていて当然だよね。できればそういうムダな議論は避けた方がいいですよね。ですから、まずは、相手が「増えている」というのはいつと比べてのことか確認した方がいいでしょう。ここで「明確なものにする」と言っているのは、そういうことです。「いつと比べてですか」というような問いを考えてみてください。

このように説明すると、生徒も理解して、例えば次のような明確化のための問いを出せるようになる。出ないものについては補足をする。

・「少年」の意味（20歳未満のことなのか、中学・高校生のことなのか、女子は含むのか否かなど）
・「凶悪犯罪」の意味（殺人・強盗・強制性交等・放火の4犯罪を指すのか、殺人だけを指すのか、殺人の中でも連続殺人や猟奇的なものだけを指すのかなど）
・「増加」の意味（絶対数なのか対人口比なのか、犯罪件数なのか検挙人数なのかなど）
・「増加」の比較対象や程度（いつと比べて、どのくらい増えているのかなど）

「とりたてて行う」批判的思考の授業―推論

「推論」については、時間的制約もあり、「否定」を取りあげることにした。例えばディベートでは、相手の意見を否定する形で議論が進むが、観察していると、否定になっていない例がしばしば見受けられるからだ。

この部分は、野矢茂樹『論理トレーニング』『論理トレーニング101題』(いずれも産業図書)の内容をほぼそのまま使わせてもらう。

【問題2】は次の通りである。

ある主張/命題Pに対して、Pが正しいならばQが間違っていて、Qが正しいならばPが間違っていて、PかQのいずれかしかあり得ないような主張/命題Qのことを、主張/命題Pに対する**否定**と呼ぶことにします。

次の(1)~(10)それぞれの文について(傍線の部分に注意して)否定の文を考えなさい。

(1)Aくんは「政経」の授業中にいつも寝ている。
(2)BくんはCさんが好きだ。
(3)3年生は毎日10時間以上受験勉強をすべきだ。
(4)日本はD条約を批准するに違いない。
(5)本校のすべての生徒がスマホを持っている。
(6)本校のある生徒は車を持っている。
(7)ある3年生は受験したすべての大学に受かった。
(8)Eさんは頭がよくてしかも美人だ。

（9）Fくんは昼食にはカレーかうどんを食べる。
（10）雨天ならば、スポーツ大会は中止である。

冒頭の説明が必ずしも分かりやすくないようなので、次のように補足する。

――僕が○○さんに「キミは僕の授業中、時々寝ているね」と文句を言ったとします。それに対して○○さんが反発して「先生、そんなことありません！　私、起きていることもあります」と答えたら……反論になってる？（生徒はだいたい笑う）

――なっていないですよね。この場合、反論したいんだったら……

「私、寝たことなんてありません。」「いつも起きている。」

――そうそう。じゃあ、これはどうですか。誰かに告ったら、相手から「ゴメンナサイ、あなたのこと好きじゃないの」と言われて「あー、彼女、オレのこと嫌いなんだ」と思っちゃうというのは？

「好きでも嫌いでもないかもしれない。」

――その通り。まあ、好きでも嫌いでもない、無関心というのもツライですけどね。図で書くとこんな感じ。

と板書する。

――この問題で言う「否定」は、この図で、重複したり、スキマができたりしないということとです。それでは問題をやってみてください。

（1）〜（4）はほぼ間違えない。（3）と（4）については

――英語で考えると may と must がちょうど対応するよね。must not と don't have to の区別もやったでしょう。

と付け加える。

（5）〜（7）では苦戦する生徒が出てくるので（今の教育課程では「ある」と「すべて」は高校数学ではやらないらしい）周囲の生徒と教えあうように指示する。

（8）、（9）については、生徒から

「ベン図」「ド・モルガンの法則が……」

などの声が聞こえてくることもあるので、それを受けて板書して説明する。

（10）（条件文の否定）は、時間に余裕があれば「発展的な」話題として話す。

以下、解答を示しておく。

（1）……いつも寝ているわけではない（起きている時もある）。

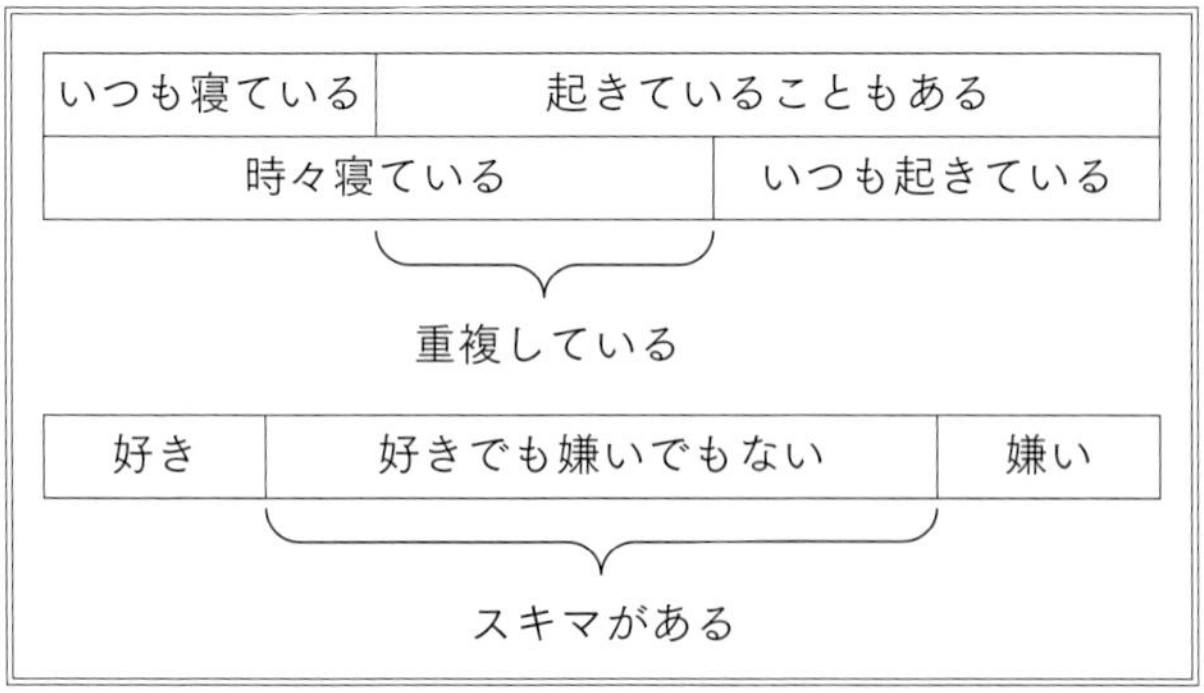

（2）……好きではない（無関心かもしれない）。
（3）……すべきということはない（しなくてもよい）。
（4）……しないかもしれない（するかもしれない）。
（5）……持っているわけではない（ある生徒は持っていない）。
（6）本校のすべての生徒が車を持っていない。
（7）すべての3年生が受験したうちのある大学に落ちた。
（8）……頭がよくないか、美人でないかいずれか（または両方）だ。
（9）……カレーもうどんも食べない。
（10）（雨天であるのに、スポーツ大会が行われる。）

誤った推論

【問題3】は次の通りである。

（1）次の会話のBさんの主張には問題があります。それはどういうところか指摘しなさい。

A：乃木坂46って2ndシングル以降ずっとオリコン第1位とってるんだってさ。

B：そりゃアイドル・グループとして日本一だからね。

A：日本一なの？

B：だって、シングルがずっとオリコン第1位なんだよ。

（2）次の主張はどうでしょう。

熊田は神だ。なぜかと言うと『熊田の黙示録』に「熊田は神なり」と書いてあるからだ。なぜ『熊田の黙示録』に書いてあれば正しいのかって？　なぜならそれは神である熊田のことばを記したものだからだ。

（3）次の文章のCさんとDくんの主張には共通する問題があります。それはどういうところか指摘しなさい。

Cさんが、元カレのDくんについて友達に愚痴っています。「Dってすぐ怒ったり拗ねたりするから嫌になっちゃった。まったく男は感情的で困るよね」。一方、Dくんは、元カノのCさんについて友達にこう言います。「Cって絶対待ち合わせに遅れてきたんだよな。なんでこう女は時間にルーズなんだろう」。

（4）次の主張には問題があります。それはどういうところか指摘しなさい。

江崎玲於奈氏（ノーベル物理学賞受賞者）が、未来の教育についてこんなことを言っている。

「人間の遺伝情報が解析され、持って生まれた能力がわかる時代になってきました。……いずれは就学時に遺伝子検査を行い、それぞれの子供の遺伝情報に見合った教育をしていく形になっていきますよ。」

超一流の学者の言うことだから正しいに違いない。就学時診断に遺伝子検査を導入すべきだ。

（5）次の主張には問題があります。それはどういうところか指摘しなさい。

秋休み、毎日10時間以上勉強するか、浪人するかどちらかだ。浪人したくなかったら、毎日10時間以上勉強しなさい。

（6）米同時多発テロ後のブッシュ大統領（当時）の演説（2001年9月20日）はどうでしょう。

「……すべての国、すべての地域は、今こそ一つの決断を下さなければならない。我々につくか、テロリストにつくかだ。今日から、テロリストを保護し支援し続けるすべての国は、米国によって敵性国家と見なされる。」

（7）次の主張には問題があります。それはどういうところか指摘しなさい。

1回でも遅刻をしたら、いずれ遅刻を繰り返すようになる。遅刻に慣れると次は無断早退だ。そのうち嘘の理由で欠席することになるだろう。嘘つきは泥棒のはじまりだ。一旦泥棒に手を染めれば、そのうちもっと重い罪を犯すだろう。最後は死刑台行きだ。そうなりたくなければ、遅刻はしないことだ。

これは、誤った／怪しげな議論の進め方に気づいて「ツッコミを入れる」トレーニングである。

（1）（2）は、2つの命題／主張が、それぞれ他の根拠となっている「循環論法（circular argument）」である。

——（1）と（2）には共通しておかしなところがあるのだけれど、それはどんな点？と尋ねる。

（3）は「性急な一般化（rash / hasty generalisation）」である。これは比較的分かりやすい。

（4）については次のように説明する。

——何かを主張しようとするときに「○○の本に書いてあったから」「誰それが言っているから」というように自分の主張を根拠づけることがあるでしょう。そういう主張の仕方を「権威に訴える論証（appeal to authority）」と言います。権威に訴える論証は、それ自体が間違いということではないです。

けれど、この問題、江崎玲於奈氏は、別に遺伝子や教育の専門家じゃないわけですよね。そこに注意しないと。何かの分野に秀でた人がそれ以外についても確かな見識があるかは、よく考えてみないといけないでしょう。

（5）（6）もセットで考えさせる。無理矢理に2つの選択肢に切り分け、一方の、望ましくない選択肢を選ばないのであれば、他方の選択肢を選ばざるを得ないという状況に相手を追い込む「誤った二分法（false dichotomy）」である。

直前に「否定」をやっているので、次のような答は比較的出やすい。

「『毎日10時間勉強する』と『浪人』以外にも可能性はあるはず」

「毎日10時間勉強しても浪人するかもしれない」

（7）は「滑りやすい坂道（slippery slope argument）」「ドミノ効果（domino effect）」と呼ばれる議論である。これも、いちがいに間違いとまでは言えないが、因果関係の連鎖の個々の部分について（例えば「1回遅刻をした」人の中でどのくらいの人が「遅刻を繰り返す」ようになるのかなど）その蓋然性を吟味することが必要だろうと話す。

情報源の信頼性

【問題4】で扱うのは「情報源の信頼性」である。

まず、竹内一郎『人は見た目が9割』（新潮社）の「言葉は七％しか伝えない」という節（同書pp. 18‐20）を読ませ、コメントを書かせる。

著者は、

「アメリカの心理学者アルバート・マレービアン博士は人が他人から受けとる情報（感情

や態度など）の割合について次のような実験結果を発表している。
○顔の表情　五五％
○声の質（高低）、大きさ、テンポ　三八％
○話す言葉の内容　七％」
と、ある心理学の実験結果を紹介した上で、「コミュニケーションの『主役』は言語ではない」「人は『見た目が九割』といっても差し支えないのではないか」「言葉主体の『コミュニケーション教育』を受けた人は『木を見て森を見ず』だ」などの主張を導き出す。

生徒の中には「なるほど」と受けとめる者もいれば半信半疑の者もいる。

何人かの感想を確認したのち、今度は、パオロ＝マッツァリーノ『反社会学講座』（イースト・プレス）の「メラビアンの法則という都市伝説」という節（同書pp.109－112）を読ませる。

こちらは、右記の実験結果を根拠とする「見た目が9割」的な主張を批判的に取りあげ、おおよそ次のように述べる。

「メラビアン博士もその実験結果も、心理学の世界では重視されていない。」

「メラビアン博士の実験は、言葉の内容と表情・声質が矛盾している場合、聞き手はどちらに重きを置くかを検証するための限定的なものである。」

「博士も『この実験結果は日常のコミュニケーションには適用できない』と認めている。」

生徒がほぼ読み終わったら、次の話をする。

——後の、マッツァリーノの文章を読んで「竹内一郎の文章にダマされた！」と思った人もいるでしょう。前の文章の主張は、どうもその根拠がかなり怪しそうです。この本はベストセラーになりましたが、だからといって鵜呑みにするのはちょっと怖い。

ただ、ここで、後の文章に説得されてしまった人はまだ甘いですよ。後の文章に書かれたマレービアン（メラビアン）に関する叙述だって疑うべきかもしれない。マッツァリーノだって全面的に信頼していいかは分かりません。

——じゃあどうすればいいか。後の文章に、メラビアン自身の著作が日本語でも刊行されていることが紹介されていますから、もし彼の実験の詳細を知りたいのだったら、さしあたり、それを読めばいいですよね。あと元の論文とか。マッツァリーノの文章の信頼性が高いのは、このように自分の主張の根拠などの情報源をきちんと公開していることです。

メタ認知

【問題5】は、人間の陥りやすい思考の偏り・歪みに関する認知心理学の知見を伝え、自分の思考を批判的にモニターしたりコントロールしたりする手がかりにさせようというものである。

教材として、道田泰司・宮元博章・秋月りす『クリティカル進化論』(北大路書房)で用いられている秋月りすの4コマ漫画を借用した。

全部で7つの漫画を用いて

――この漫画はどこが笑える？　この漫画からどんな教訓が得られる？

などの問いを投げかけてから、「相関関係から性急に因果関係を導いてしまう」「情報の偏りに気づかない」「見えない情報を無視してしまう」「平均への回帰（に気づかない）」「後知恵バイアス」「性役割スキーマ（ステレオタイプ）」「確証バイアス」について説明していく。

性役割スキーマ（ステレオタイプ）と確証バイアスの説明に用いた漫画を示しておく。

はかられた！（同書 p.136）

1コマ目：職場で。

課長「土曜にパソコンの講習会があるから出るように」

不満そうなOLたち「えーっ!?」「休みなのに！」

2コマ目：課長「（続けて）講師の吉田くんは本社勤務のバリバリエリート28歳独身」

「コンピュータはもとより外国語もたんのう　将来有望な若手だ」

3コマ目：一転して興味津々のOLたち

「どんな人かなー」「キョーミあるよね」「ちょっと楽しみー」

4コマ目：女性の講師「はじめまして吉田です」

「はかられた！」という顔のＯＬたち

願望具現（同書 p. 131）

1コマ目：女性が、家でレシートを見ながら電卓を叩いている。回りにたくさん買い物の袋が置かれている。

「今日はカードでどのくらい使ったかしら」

2コマ目：驚く女性。

「えっ!?」「にじゅうはちまんさんぜんえん!?」

3コマ目：青い顔で計算し直す女性。

「計算まちがいよねっ」「そうよ私よく会社でもやるもの」

4コマ目：「ほらー15万ちょいじゃないの　そのくらいだと思ったのよ」

「ほー」と安心する女性。

（地の文）計算まちがいはもちろんこちら

確証バイアスについては、次のように警告を発する。

——皆さん、インターネットでいろいろな情報を得ているでしょう。

インターネットで情報を得ると、関連した情報が芋づる式に手に入りますよね。例えば、僕はオンライン書店で本を買うことが多くて、ある本を購入すると、すかさず「オススメの本」が紹介されるでしょう（生徒の多くはうなずく）。それで、「あ、これも読みたい」と買ってしまったりするのだけれど、そういう情報の集め方だと、手に入る情報が偏る可能性があると思いませんか。

買い物じゃなくても、あるサイトから、リンク先、リンク先と追っていくだけだと、すごくたくさんのサイトから情報を集めたような気になっても、立場や考え方が反対の情報は手に入りにくかったりする。

自分の意見に近いサイトを読んで共感して、リンク先を追いかけていって「私の考えに近い人はたくさんいる。私の考えが普通なんだ」と思ってしまったらちょっと危ないですよね。そうでなくても、人間には確証バイアスがあって、自分の考えに合わない情報は受け入れにくいのだから。

だから、確証バイアスを「中和」するためにも、自分と対立したり、異なっている意見や情報は、あえて積極的に探そうとしないと危ないですよ。

これは、自戒も込めて言っている。

批判的思考の用い方

批判的思考の授業をすると
「相手を打ち負かすことをゴールにして、色々と考えていくと、けっこう面白いです。悔しがる顔とか、見られたら最高です。」

というような感想がしばしば出る。

――批判的思考は、思考やコミュニケーションの質を高めるための道具であって、とりわけ自分自身に向けることが大切。他人を攻撃したり他人に勝つためにばかり用いるのはよろしくない。

と授業でも強調するのだが、「批判的」という言葉の意味合いから、それは議論で相手より優位に立つための道具であるという思い込みが生じやすいのかもしれない。悩みの種である。

13

数字にご用心
―統計データの読み方

「政経」、特に経済分野では統計データの読みとりを行うことが少なくない。統計データを正確に読みとること、怪しいデータに騙されないことは、日常生活を営む上でも必要不可欠なスキルだろう。

そんなことを考えて、統計データやグラフを読みとる際に注意すべきポイントをまとめて取り上げておこうと授業をつくってみた。

比率の大切さとワナ

経済分野の学習に先立ってこの授業を行っている。クイズ形式のハンドアウトを用い、生徒との一問一答を重ねつつ解説を加えていくスタイルである。

【問題1】

次の主張はどこがまちがっているでしょうか。説明してみましょう。

「日本では、自動車に乗っていて事故で亡くなる人が毎年数千人いるのに対して、飛行機に乗っていて事故で亡くなる人は、大事故があった年でも数百名、大事故がなければ数名から十数名だ。そこから言えることは、自動車より飛行機の方が安全だということだ。

生徒に尋ねると、「自動車を使う人の方がずっと多い」「利用頻度が違う」といった答が返ってくる。

それを受けて

1　データには、実数（ナマの数値）で示されるものと比率で示されるものがあること

2　比率で比べるべきものを、実数のままで比べると誤解を生むこと

3　【問題1】であれば、自動車／飛行機の（利用人数×利用時間）を分母に、死者数を分子とするなどして「死亡率」を比較すべきであること

を説明する。補足的に次のようなエピソードも紹介する。

――以前、僕が読んだ新聞記事にこういうものがありました。

幼児がどこで交通事故にあうかを調べたところ、自宅から半径50mだか100mだか以内の件数が多いという結果が出たそうです。

そこからその記事は「自宅の周辺こそが幼児にとって危険である」というような結論を示していたのだけど、そもそも幼児って行動範囲狭いでしょう。遠くに行かなければ、遠くで事故にあうこともないですよね。

【問題2】
東京都A市では、毎年だいたい同じ数の子どもが産まれます。そしてその子どもたちは皆、市立小学校へ行きます。ところが、ある年のA市立B小学校では、全校生徒の約67％が6年生だったそうです。なぜこんなことが起こったのでしょうか。

この問に対しては「学校選択制が導入された結果、統廃合の対象になっている」「疫病が流行した」など想像力たくましい答が返ってくる。

それらの答に突っ込みを入れつつ、僕はこう説明する。

――A市は東京都の端にあって、ひどく過疎化が進んでいる。だから、この学区では、この十数年子どもがほとんど生まれませんでした。その結果、B小学校は全校で生徒が3人しかいなくて、そのうち2人が6年生の双子なんです。こういうことならあり得ますよね？

集団（母数）が小さい場合、パーセントを使うことは望ましくないということが言いたいのである。なぜなら、パーセントで表示されたデータを見ると、われわれは普通、大きな集団をイメージするため、数少ないデータについてパーセントが使われると（書き手が意図的か否かを問わず）誤読してしまうことがあり得るのだ。

――皆さんもよくクラスでアンケートをとって、結果をパーセントで表示したりするけれど、

「100未満のデータについてパーセント表示をすることは望ましくない」とさえ言われたりするんですよ。

何を何と比べるのか

【問題3】

C新聞に次のような記事が出ました。

「本社の調査によると、日本企業で働く女性労働者の70%が、会社に対して不満を抱いていることが分かった。日本企業の、女性労働者に対する施策の不充分さを示すものと言えよう。」

どこがおかしいでしょうか。


「男性はどうなのよ。」

というような声があがればしめたものである。

——そうそう、もし男性の90%が会社に対して不満を持っていたら、このような結論にはならないですよね。外国企業と比べたらどうかでもいい。

データについて、多い／少ない、高い／低い等の評価をする場合には、必ず比較の対象が必要であることを確認する。

――あるロースクール（法科大学院）卒業生の司法試験合格率が60％だったらどうですか？ロースクールで司法試験合格率がいいのは東大、京大、一橋、慶大あたりだけど、それらのロースクールでも5割前後でしょう。だから合格率60％のロースクールってすごい！ということになる。

それでは、ある大学医学部卒業生の医師国家試験合格率が60％だったらどうですか？（生徒笑う）この医学部にはあまり行きたくないですよね。医師国家試験って合格率がだいたい9割ですから。

こんな風に同じ「60％」でも意味が全然違ってきてしまう。

【問題4】　D予備校が、「驚異の90％！公認〇〇士試験合格者800名中、なんと720名がD予備校の生徒です」という宣伝をしていました。この宣伝が嘘でなかったとして、どこにカラクリがあるのでしょうか。

ここではまず黒板に①のような図を描く。

——どうですか。試験に受かりたいとして、D予備校に入ろうと思いますか。

と尋ねる。3年生ということもあって、この種の情報に対しては敏感である。「だって（D予備校から）何人、受験しているか分からないじゃない。」というつぶやきが聞こえれば「その通り」と言いつつ、②のように図を書き加える。

——図のように、実はD予備校はマンモス予備校で、そこからの受験者はたくさんいる。一方、ライバルのE予備校は少数精鋭の塾で、受験者数こそ少ないけれどそのほとんどが合格していたとする。

そうすると、必ずしもD予備校に行くのが得策とは言えないかもしれませんね。合格者全体とD予備校からの合格者数を比較することが無意味とは言わないけれど、D予備校からの受験者数と比べた方が良さそうだと思いませんか。

——一般的な言い方をすると、データでは比較が大事と言っ

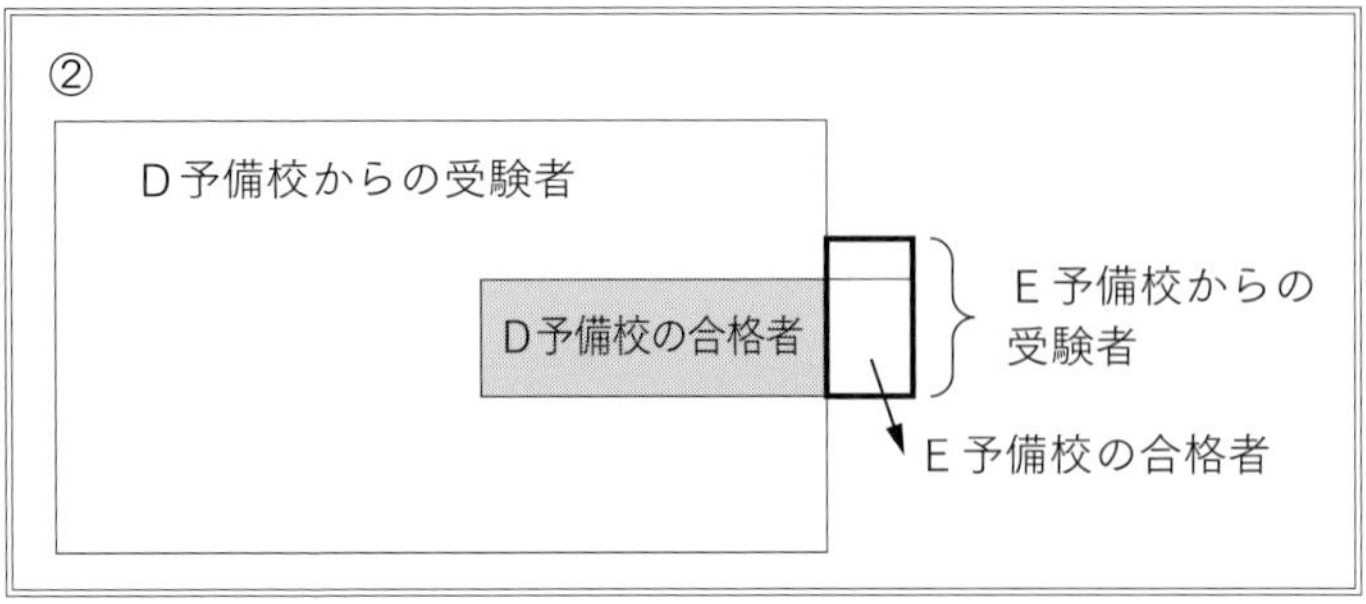

ても、むやみに比べればいいのではなく、何と比較するべきなのかも吟味しないといけないということです。

ここまでで一段落するのでお笑いを入れる。


【ひとやすみ】

「１００歳以上の長寿者の99％がお米を食べているという。これぞお米のパワー」。

どこがおかしいでしょうか。


「若くして亡くなった人の99％もお米を食べているかも。」

「水の方がすごい。長寿者の１００％は水を飲んでいるだろうから。」

などと突っ込めるかがポイントである。

平均を使いすぎるな

後半は、平均値など代表値について話す。

【問題5】　水の中に含まれている物質Eは、濃度が5ppmを超えると人体に害を与えます（それより薄ければ問題ありません）。ある山の湧き水を10か所で調べたところ、Eの平均濃度は2ppmであることが分かりました。この山の湧き水を飲んでも大丈夫でしょうか。

これはやさしい。

「平均じゃ、濃いところもあるかもしれないから。」

――その通りです。

10か所の物質Eの濃度データが、例えば、

1ppm　1ppm　1ppm　1ppm　1ppm
1ppm　1ppm　1ppm　2ppm　10ppm

だったとすれば、平均濃度は2ppmになるが、最後の調査場所の湧き水は危険である。

ここでは

1　多数のデータをまとめる代表値で最もよく使われるのは平均値であること

2　しかし、安全性など平均値で議論してはいけない場合があること

を説明する。

――例えば堤防をつくるときに「〇〇年はこの川では水がここの高さまできた、××年はここまで」というようにデータを集めていって、じゃ平均値はこれぐらいだからって、それに合わせて堤防を築いたらどうですか？

生徒は笑う。

――2年に1回ぐらい溢れてしまうかもしれません。ここでは最高値こそが問題。ちなみに日本の一級河川では50年に一度、100年に一度の大雨でも耐えられるような高さに堤防を築いているそうです。

3．11以降、こういうことはみんな分かるようになりましたね。津波の高さにせよ、放射能汚染にせよ。

ppmが出たついでに、%、‰、ppmなどについて話が脱線することもある。鉄道の好きな生徒（いわゆる「鉄ちゃん」）がいると、‰について得々と説明してくれたりする（線路の勾配は‰で示すのである）。

はるか昔、大学に入学したての頃、高校時代の仲間と自分の進学した大学の「女子学生比率」について話したことがある。その頃、僕の入学した一橋大の経済学部では5%だったのだが、東京工大に進学した友人が「ウチでは女子学生の比率はppmで測定する」と言っていたことをよく覚えている。この話を生徒にすると爆笑する。

【問題6】

双子のＦくんとＧくんは、同じ高校に通っています。期末テストが返ってきたので、国社数理英のテストの平均点を出したところＦくんは65点、Ｇくんは60点でした。

ところが、帰って家の人にテストの点数を見せたら、ＧくんよりもＦくんの方が叱られてしまいました。

なぜでしょう。これまでの成績はＦくんもＧくんも同程度だったとします。

【問題7】

Ｈさんの、理科の中間テストと期末テストの結果は次のようなものでした。

中間テスト…35点　　クラスの平均点…40点

期末テスト…45点　　クラスの平均点…40点

これを見たＨさんは「私の点数は10点も上がったけどクラスの平均点は変わらなかったから、平均点より下だったのが上になった。だから、クラス順位は中間テストの時より、期末テストの方がずっと上がったに違いない」と思いました。

ところが、先生にたずねたところ、Ｈさんのクラス順位はむしろ期末テストの方が下がってしまっているというのです。どうしてこんなことが起きたのでしょう。

【問題6】では、例えば、

Fくんの得点：100＋100＋90＋25＋10＝325（平均65点）
Gくんの得点：55＋55＋60＋65＋65＝300（平均60点）

だったと考えれば、保護者が、平均点は高くても、著しく得点の低い科目のあるFくんを叱ることはあり得る。

分布を確認しよう

【問題7】のような状況も、理科のテストの得点分布がひどく歪んだものだったとすれば起こり得る。

【問題6】【問題7】を通じて話すのは

1　集団的なデータを扱うときには分布を確認する必要があること
2　分布に偏りがある場合（正規分布に近くない場合）には、平均値の「威力（代表性）」が弱くなること

の2点である。

ここでは、釣り鐘型のグラフ（3年生は模試の資料でよく目にする）や、左右非対称なグラフ（例えば右上がりだったり右下がりだったりのグラフ）、「ふたこぶラクダ」型のグラフ

などを板書しながら次のように話す。

――左右対称の、釣り鐘型のグラフになるような分布の場合には、平均値に意味がありますけれど、そうでないグラフの場合は平均値を出しても意味が乏しかったり、意味がなかったりします。

こういう場合はどうですか。

ある野球のピッチャーは速球とスローボールを投げる。速球は時速140km、スローボールは100km。速球とスローボールを半々に投げることは分かっている。このとき、バッターが「平均して時速120kmだな」と考えてボールを待っていたら……たぶん打てませんよね。

標準偏差のおおまかな意味も、グラフを描いて簡単に説明する。数学の復習である。

――平均点が50点、あなたの点が90点だとしましょう。

どちらも良い点だけど、得点分布がAのテストでの90点と、Bのテストでの90点では重みが違いますよね。Aの場合は、ほとんどの人の点が平均点の近くに集まっている。こういうテスト

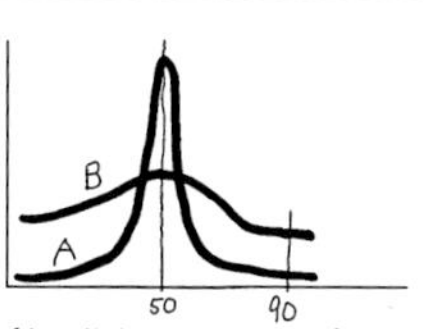

（標準偏差の説明）

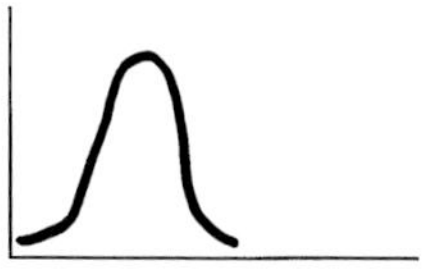
（釣り鐘型）

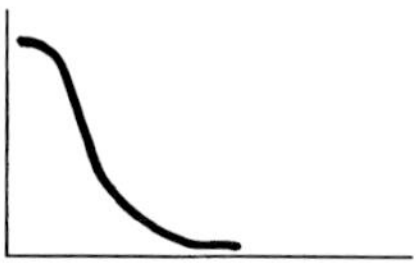
（左右非対称）

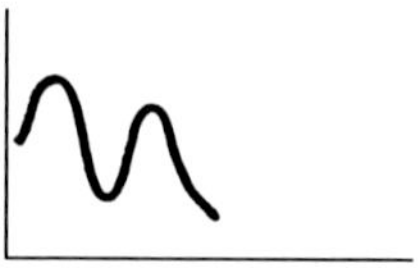
（「ふたこぶラクダ」）

で90点とるのは難しいでしょう。Bのように点が散らばっているテストで90点をとる方が簡単ですよね。

つまり、自分の点がどのくらい良いかを知るためには、平均点だけじゃ足りないわけです。そこで用いられるのが標準偏差です。これは分布のバラツキの程度を示す値で、バラツキが大きいほど標準偏差も大きくなります。

ついでに

——テストのときに、自分の点数から平均点を引き算して、標準偏差で割り、それを10倍して50を足すと……これが偏差値。

とも付け加える。

【問題8】

総務省統計局統計センターの「貯蓄動向調査」によると、日本の勤労者世帯における平均貯蓄額（≒サラリーマン家庭それぞれの貯金や株券などの合計額の平均値）は、2002年平均で1688万円です。自分の家が1688万円も貯蓄していないことを知っているIさんは、「私の家は貯蓄額の少ない方から数えた方が早いんだ」と、ちょっとビックリしてしまいました。Iさんは早とちりしていないでしょうか。

日本の勤労者世帯における貯蓄額はまったく正規分布になっていない。そのため平均値が集団を代表しているとは言い難く、平均値を用いて議論する（例えば、平均値で国際比較したり、経年変化をみたりする）ことには意味が乏しい。このことを僕は次のように説明する。

――今、皆さんを対象にお小遣い調べをしたとするでしょう。〇〇くん、月にいくらお小遣いをもらっている？

それで、順に聞いていって、「5000円」とか「3000円」とか「定期的にはもらっていない」とか答えてくれますよね。そして、最後に□□さんに聞いたら、□□さんが言うわけ。「みんなゴメン。実は私、毎月100万円もらっているの。」（生徒爆笑）

そうすると、いいですか、その瞬間にこのクラスの平均お小遣い額は2万5000円跳ね上がって、平均2万8000円とか3万円とかになるわけだ。

その情報が他のクラスに流れて「×組の小遣いの平均は3万円だってよ！」と言われたら……皆さんは納得できないですよね。

それでは、【問題8】の日本の勤労者世帯の貯蓄状況や、クラスのお小遣いの状況をひとつの値で示す方法はないのかということになる。

ここから、中央値（中位数、median）と最頻値（mode）の話になる。【問題8】のデータでは中央値は1022万円であり、最頻値は「200万円未満」である。

――「日本の勤労者世帯は平均して約1700万円の貯蓄がある」というのと「日本で最も

多いのは、貯蓄額が200万円未満の世帯である」というのでは全然、印象が異なるでしょう。

だから、代表値として、平均値、中央値、最頻値をどう使い分けるかは慎重に考えないといけません。一般には、平均値が使いにくいデータでは代表値に中央値を用いることが多いようです。

グラフも疑う

【問題9】

昨年度のJ自動車（株）の売上高は、競争相手であるK自動車（株）の売上高に比べて約1.5倍でした。

あなたがJ自動車（株）の社長だとして、株主や顧客に対して自分たちの業績の良さをもっともっとアピールしたいとします。会社の宣伝パンフレットに売上高のグラフを載せるとして、どんなグラフを描けばいいでしょうか。

【問題10】

Lくんの模擬試験の点数を、受けた順に並べると左のようになりました（800

点満点)。

590　582　602　612　608　620　622　628

少しずつ点数が上がってはいるのですが、この結果を家の人に見せて自分の努力をアピールしてお小遣いを値上げしてもらおうと考えている(!)Lくんとしては、もう一工夫したいところです。どうすればいいでしょうか。何かよいグラフはつくれないでしょうか。

グラフによってデータの印象を操作することもよく行われることであるから、それについても話しておきたい。

【問題9】では、単純な棒グラフで比べるより、自動車の絵などによる絵グラフを用い、長さの比では1.5倍であるが(したがってウソをついているわけではない)、面積比では2.25倍になるグラフを描いた方が、直感的な印象としてK自動車(株)との差を際だたせることができることを図解する。

——この絵でもいいんですけど、さらに、絵に奥行きを持たせて立体的な描き方にすれば(と、描き加える)何と、印象としては3.375倍!

【問題10】はやさしい。グラフ下部をカットして縦方向に引き伸ばせばよい。グラフ下部がカットされている場合(新聞や、TVのフリップボードではスペースの節約のためしばしばこれが行われる)、グラフの形だけを見ると錯覚しやすい。グラフ縦軸の目盛りに注意することは、棒グラフや折れ線グラフを読む際の基本である。

また、経済関係のデータでは、1990年、2000年、2010年、2011年、2012年、2013年、2014年というように、古い時期については5/10年ごと、近年については1年ごとになっている場合があり、それがそのままグラフ化されると誤解を招くグラフになるので、横軸もチェックした方がよいと話しておく。

相関関係のあやしさ

【問題11】

「適正なサンプルを用いて耳の大小と言語能力の関係を調べたところ、双方の間に正の相関(耳が大きいと言語能力が高い・耳が小さいと言語能力が低い)があることが分かった」。

どこに問題があるでしょう。

【問題11】では、趣をかえて疑似相関について話す。互いに相関があるように見えるAと

Bであっても、実は、共通の隠れた要因Cによる（したがってAとBには直接の関係はない）場合があるという話である。【問題11】であれば、要因Cは「年齢」。つまり子どもは耳が小さく言語能力も低いというだけのことである。

――ある都市での8月のアイスクリームの売上高と、起こった犯罪の件数のデータを調べたら、この2つの間に正の相関があったとしましょう。

これはどうですか？　犯罪を犯すと喉が渇いてアイスを食べたくなる？　あるいはアイスを食べると悪いことをしたくなる？　それだったら犯罪予防は簡単ですよね。アイスの販売を禁止すればいい。

でも、どちらも考えにくいですよね。

この場合、気温がアイスの売上高と犯罪件数の両方に影響を及ぼしていると考えた方がよさそうだと思いませんか。暑ければアイスは売れるだろうし、暑いとイライラする人が増えて犯罪も増す。

疑似相関もうっかり見逃しがちです。

授業ノートから

ある生徒がこう書いてきた。

今日の授業を聞いて、私、今まで完全にだまされてたなぁと思いました。けっこうショックです……。（中略）データって信じてしまいがちですが、どういうものを調査したどういう数値なのかということをしっかり吟味していくことが大切だなと思いました。世間には上手くデータを載せて人々をひきつけようとしている広告などがあると思うので、今日学んだことを日常生活にも生かせたらいいなと思います。

この生徒のような気づきを大事にしたい。ただ、この種のリテラシーの力は、1回授業で学んだからすぐに身につくというものではない。「わかる」ことと「できる」ことは違うのである。授業の中で、統計データの罠に落ちないように、繰り返し生徒に注意を喚起していくことが必要だろうと考えている。

14

「授業ノート」でコミュニケーション

生徒が自分のノートとは別に、輪番で授業の記録を取り、感想なども書く「授業ノート」あるいは「記録ノート」という仕組みは、少なくない教員が取り入れているように思う。僕も教員になってほぼ毎年度、「授業ノート」を書いてもらってきた。

授業ノートの作り方

僕が現在使っているノートは大きめのA4判。これだとB4判のハンドアウトや資料を2つ折にして余裕をもって貼れる（僕の授業は基本的にハンドアウトを使い、「板書をノートに写す」ということはほとんどない）。

ノートの見返しに次の指示を貼る。

授業ノートについて

【目的】

1　授業記録として

2　生徒－生徒間、生徒－教員間の意見等の交流の場として

【当番】

1　「授業ノート」の当番は授業ごとに女子・男子各1人。輪番（出席番号順）でお願いします。当番が欠席の場合は、順序を入れ替えて調整してください。

2　当番は、その時間、自分自身のノート／プリントと「授業ノート」と二重に記録をとることになりますが、年に2～3回のことなのでご協力ください。

【記入内容】

1　授業の月・日・時限

2　記録者（あなた）の氏名

3　授業の記録

（1）使用プリントを貼りつけてください。

（2）板書事項を写してください。

（3）講義内容等についてもなるべくメモをとってください。

4　授業について

感想・疑問・批判など何でも結構です。

授業後、授業の中で興味をもったことについて調べて、その結果を書いてくれたりしたらとても嬉しいです。

5　その他
あなた自身について、あるいは社会について、進路について、人生について。
他人を傷つけるような内容でなければ、何でも結構です。
1巡目は自己紹介（あだ名・呼び名を含む）をお願いします。

【提出方法】

1　当番は、授業の翌日（金曜日の場合は翌月曜日）の朝のうちに、「授業ノート」を私のところまで持参してください。

私は2階総務部にいます。熊田がいる場合には直接手渡してください。不在の場合には、総務部向かいのロッカー上にある提出箱に入れておいてください。

2　提出を忘れると、次の授業でも続けて当番をお願いすることになるかもしれません。

3　次の授業の最初に、私がその人に「授業ノート」を返しますので、私のコメントを見たあと次の順番の人に回してください。

以上、よろしくお願いします。

最初の授業でのお願い

右の指示でほぼ尽きるのだが、最初の授業の時にそれに加えて次のように言う。

――輪番で「授業ノート」をお願いします。「地理」や「日本史」や「化学」でもやってきたと思います。男女1冊ずつ回していきます。くわしい書き方はこのノート（実物を見せる）の見返しに貼っておきます。

――他の先生とちょっと違うことをお願いします。

授業の記録や感想ももちろん書いてもらうのですが、それだけでなくあなたたちのことをたくさん書いてください。家族のこと、趣味、特技、部活動、将来について、受験について、好きなもの、嫌いなこと、最近あった面白いこと、ムカついたこと、何でもいいです。僕はあなたたちのことが知りたい。

――と言うのは、僕は毎年3年生を教えているんですけど、4月の始めの段階で知っている人はほとんどいません。このクラスでも僕が知っているのは弓道部員の○○くん、××さんぐらいです。

――それで、これは先生によっても違うだろうけれど、僕は知らない人を相手に授業をするのが、すごく辛いんです。「この人は将来、何になりたいんだろう」「この人は何部の部員だろう」「この人は朝、何を食べてきたんだろう」（生徒笑う）といったことを全く気にせずに授業をするというのがとても苦手。自分の授業が相手の人生にどう関わるか想像もできないなかで授業をするのが難しいんです。壁に向かって授業しているような気がしてくる。本当は、だから、皆さんといろいろ話がしたい。でも僕は毎年、3年生240人と4月に出会って12月にはサヨナラするわけです。休みを除けば正味6か月ぐらいしかない。だから皆さん一人ひとりと話して、皆さんのことを知ることがほとんどできない。とてもとても残念です。

そこで、せめて1年に2回ぐらいはこのノートを通じて皆さんとやり取りしようと思うんです。皆さんの先輩もいろいろと書いてくれました。前の席から去年の○組のノートを回しますから、参考にしてください。


前年度のノートを何冊か回覧する。1年上の、よく知る先輩たちが書いたノートであるということもあって、生徒は興味津々で見ていて、なかなか後ろに回っていかなかったりする。書かれている文章の量に驚く声が必ずあがる。

――僕も、皆さんのものを読んで、なるべくコメントしますから。よろしく。

時間がかかるが楽しいコメント書き

勤務校では多くの教員が「授業ノート」を用いているし、勤務校の生徒の約2／3がそこから進学してくる附属中学校では、以前はほぼ全ての授業で「授業ノート」があったらしい。そういう経験が有ると無いとでは違う。生徒にしてみれば、授業中、あるいは授業後に「余計なこと」をやらされるわけだが、心理的な抵抗が少ない。総じて書き慣れているのだ。自分の実践は他の教員のさまざまな実践に支えられているのだなと思う。

そして、僕の「お願い」が功を奏するのか、先輩のノートに触発されるのか、生徒は実にたくさん自分のことを書いてくれる。短い生徒で数行、長い生徒は数ページに及ぶ。

そうであれば、こちらも応えないわけにはいかない。なるべくコメントを書いて返す。自分が悪筆なのが気になるがここは量で勝負。ノートの余白がなくなるぐらい赤ボールペンで書く（２０１７年度から手書きでは間に合わなくなってワープロ書きを導入した）。

６クラス12冊のノートが生徒と僕の間を往復するので、授業期間中の空き時間はコメント書きに忙しい。生徒の書いたものを読んでコメントするのに最低1冊10分、たくさん書いてあると1時間ほどかかる。ノートに書かれた内容で知らないこと（ゲームやＴＶ番組やスポーツ選手の名前など）があると気になって調べるし、その生徒に貸そうと本を探しはじめたりするからなおさら。学校から帰る電車の中で、あるいは家に持ち帰ってコメント書きを続けることもある。

それでも、「（この生徒は）○○部の主将か」「こんなことを考えているんだ」「話が合いそうだ」「この人にはあの本を紹介しよう」などと考えながらコメントするのは幸せな時間である。

授業の感想とコメント

2つだけ授業の感想とコメントの例を。

1 「日本国憲法一気読み」の授業で

【感想】憲法の中にも、いわゆる「考え方」的なところと、実用的なルールの部分が分かれていて面白いなぁと思いました。

【コメント】鋭い！ というのは、長谷部恭男という憲法学の先生が、次のように言っているんです。

「憲法典の規範には……『原理』と『準則』の二種類があると思うんですね。準則は、ある問題の答えを一義的に決めるものです。たとえば、道路の交通規則だと、車は左側通行なのか右側通行なのか、一義的に決まっています。……これに対して原理は、たとえば『表現の自由はとても大事だ、表現の自由はこれを保障しなくてはいけない』というのが典型です。（長谷部恭男／杉田敦『これが憲法だ！』（朝日新聞社）p. 27）」

たぶん、感想の「考え方」と「実用的なルール」って、長谷部恭男氏の言っていることと重なりますよね。すごいじゃん。

2　需要・供給のグラフを用いて消費者余剰や厚生損失の話をした授業で

【感想】今まで何かを買うときにこれは私にとって○○円の価値がある、と意識したことがなかったのでおもしろい見方だなと感じました。もちろん120円でこのおいしさのスイーツが食べれるならお得！　とか、スタバのフラペチーノに500円もかけるのはばかばかしいなぁ、とか相対的な評価は無意識にはしているのですが。

【コメント】とても面白いし、大事な指摘！

授業でやった、生産者余剰などが出てくるモデルでは、効用を1、2、3、として数えられるものとしているわけです。基数的効用と言います。

でも、多くの人は、「AよりBの方が好き」ということは言えても、「Aは3点、Bは5点」とまでは考えない。あなたの言葉で言うと「相対的な」評価をしているということです。……現在の多くの経済学者は、効用を、あなたの言う「相対的な」評価、つまり順位付けはできるけれど、数値化はできないものとしてモデルを組み立てています。こういう効用の考え方を序数的効用と言います。……

個性的なノートの数々

「授業ノート」の書き方、特に感想や自己紹介のあり方は、最初の何人かがフォーマットをつくってしまうところがあって、あるクラスでは家族の紹介が続き、別のクラスでは部活動の話が続くということがある。多くはないが、社会的なテーマについて、何人かが紙上討論めいたものを展開することもある。

ある生徒が突然、小説（のようなもの）を書き出し、「to be continued」と振ったため、それ以降「連続小説」が書き継がれていくこともあったし、ペット自慢の連続で写真が貼りまくられていたこともあった。

一番ビックリしたのは、ある男子生徒が好きな女の子のことを書いてきたとき。ノートが男女別なので書きやすかったのだろうとは思うが。

それだけでもすごい話なのだが、その生徒は自分のページの最後に「この後の人も『好きな人縛り』で書くように」と指示したのであった。他のクラスメートもさぞ困惑したことだろう。

「使用言語」についても、たまに日本語以外が登場する。フランス語やハングルぐらいならまだしも、ヒエログリフ（古代エジプトの象形文字）で「最近の思い」を書いてきた生徒がいたときには絶句した。「こんなの読めないじゃないかあ!!」と思ったら、下にちゃんと大意が日本語で書かれていた（本当にそういう意味なのかはまったく分からないが）。

病気で長らく入院している父親のことや、進路をめぐる母親との激しい葛藤、自分の出自（通名で通っていた生徒だ）や、自分の中の異性的側面のカミングアウトなど、「こんなこと（クラスメートの目に触れる）ノートに書いていいんだろうか」とちょっと心配になる内容もある。生徒からも「これ、先生以外読んでいいのかな？　って思うほど、皆、自分のことを表現していて、色々考えさせられました」という感想があったりする。でも、多分僕に、そしてクラスメートに知ってほしいからこそ書くのだろう。「聴く（読む）ことが大事」と思いつつ（助けになるかならぬかは分からないけれど）「読みましたよ」という意味も込めて、コメントをしこしこと書く。

↑訳：私はずっと長い間勉強をしてきているが、決して嫌いではない。だが、今はそれが私を縛り付けている。ああ、私はどうすれば良いのだろうか。どうか神よ、こんな小っぽけな者の気持ちを楽にしてくれる助け舟を出してはくれないだろうか…。（1M）

15

『退屈』は退屈じゃないかもしれない

「授業ノート」に書かれた生徒の感想などを全体にフィードバックし、共有してもらうことを主な目的として教科通信を発行している。

授業では、教師と生徒の関係だけでなく、生徒同士の関係も大切にしたいと思っている。オーケストラやソリストの演奏を、聴き手が個々に受けとめるクラシックのコンサートではなく、聴き手が一緒に盛り上がるロックのライブというイメージである。教科通信もまた、生徒と生徒の関係をつなげるためのツールのひとつとなる。

大学時代に、仲本正夫『学力への挑戦』（旬報社）で教科通信というものがあることを知り、教員2年目から発行しはじめた。

『退屈』というタイトルも、仲本氏の教科通信『数学だいきらい』に影響を受けている。生徒から「なぜ（通信のタイトルが）『退屈』なんですか？」と尋ねられると「自虐的なんです」と答えている。

『退屈』の作り方と使い方

教科通信では
○「授業ノート」に書かれた生徒の感想・自己紹介その他がおおよそを占め、残りは
○授業に関する指示・連絡
○定期考査の結果（平均、標準偏差、得点分布等）
○僕が読んだ本や観た映画の紹介
などを載せる。

1号あたり5000字程度。生徒の感想など1人につき150字程度紹介すると、おおむね20～30人分。一方「授業ノート」は、週あたり2コマ×6クラス×2冊＝のべ24人分提出される。全員の感想等を必ず紹介するようにしているので、『退屈』は週に1回ペース、年に20号前後まで発行されることになる。

以前、ある生徒から「私の感想が『退屈』に載っていないようなんですけど……」と（控え目に）苦情を言われたことがある。自分の書いたものが紹介されるかどうかは気になるようだ。だから、それ以降、「授業ノート」が提出されると、①感想に目を通す、②紹介する部分を決めてその場でワープロで打ち込む、③コメントを書く、という段取りにして漏れが

生じないようにしている。

こういう作業はもともと趣味のような部分があり、苦行になってはしかたがないので、他の仕事量が増えたときには、感想の紹介を1人2行に節約したりして発行回数を減らす。

『退屈』は授業の冒頭に配ったり、授業の途中で次の内容に移るときにワンクッションおいて「頭を切り替えて」もらうために用いたり、授業の最後が数分余りそうなときにバッファーとして使ったりしている。

配布時には一言でもコメントをしたいところだが、配布だけして「読んでおいてください」ということも残念ながら多い。

授業の感想を載せる

授業の感想はこんな感じで掲載している。

授業ノートの感想より

冤罪

★……この授業を通して、なぜ、例えば足利事件で菅家さんが犯人に仕立てられてしまったのか、なぜ反対に警察はえん罪をまねくようなことをしてしまったのか、考えることができました。……えん罪をつくってしまうのは絶対にいけないことだとは思いますが、警察の「あせり」も分かるなぁと思いました。(3F)

★……財田川事件では逮捕されたのが19歳の時、つまり今の自分達とあまり年齢が変わらない。いたって平凡な日々を過ごしていたのにある日突然逮捕され、刑務所に入れられる、これが自分の立場だと思うとぞっとする。先日の授業で……刑事補償請求権を適用できることを学んだが、30年もの時間はお金で補償しきれるのかは疑問である。(1M)

☆冤罪が明らかになった事件に関して、1つだけ明るい面を挙げるとするならば、20年や30年間もの間、自分の無罪を信じて刑務所の外から絶え間なく応援し、奮闘してくれる人々の存在があるのではないでしょうか。独りで司法に立ち向かい続けるのは無理があると思うので。(1F)

★アッシュの同調実験の内容を聞いて、人間の心理って面白いと思いました。周りの人に合わせたり、自分の意見を持っていないといわれる人が多いこのご時世、周りがaと言ったらそう言ってしまう人は以前より増えているのではないかと思います。(6F)

(1M)(1F)などはそれぞれ1組の男子、女子を示している。

それぞれの生徒には「授業ノート」上でコメントを返しているが「これは学年全体に広げたい」という内容については、紙上に私のコメントを合わせて載せたり、右のように☆印をつけておいて（普通は★印）配布時に口頭でコメントしたりする。

自己紹介を載せる

自己紹介や近況報告の部分を『退屈』に載せることも多い。

自己紹介その他

★得意教科は数学・物理です。勉強の中では、物理の問題を考えてるときが1番幸せです。将来は、応用物理などに関われたらいいと思っています。（6M）

★ボート部に入って良かったなーと思うことは、毎年1年生に試合を見に来てもらえることです。……引退して1週間経ちましたが、感傷にひたって、勉強が手につきません。良い仲間に恵まれたなーと思います。（2F）

★小さい頃から本が好きで。定期的に活字中毒か！　ってくらい本を読んでないと気が済まなくなることがあります。小学のころのほうが硬派な本、三浦綾子とか山崎豊子とかを読んでました。……今は絶賛恩田陸期間です。（5F）

★（サッカー）好きなチームはスペインのFCバルセロナです。……クラブの歴史にひかれてしまいました。スペインの内戦後弾圧されたカタルーニャで唯一外国語（カタルーニャ語）を話せる空間がホームスタジアムだったそうです。（6M）

★進路は理系。だが、「世界史」や「政経」の授業を受けると文系の学問をあきらめきれず、悩みの種。冒険家として有名な関野吉晴は、一橋法学部を出た後、横市医学部で学んでいて、「そういうのもいいなー」と思う。（2M）

勤務校は3年間クラス替えがないため、同じ学年でも互いに接触のないまま卒業していく生徒がどうしても多くなる。せっかく同じ学校・同じ学年にいるのにもったいない。

これらの自己紹介を読んで、「この学年にこういう面白い人がいるんだ」とか「（誰かは知らないけれど）自分と同じように思っている／同じように悩んでいる／同じ趣味の人がいるんだ」とか「他の人は、自分より進路について考えているんだな」とか、自分の視野を少し広げてもらえれば嬉しい。

本と映画の紹介

ほとんど僕の趣味の押し付けなのだが、読んだ本や、観た映画を紹介することもある。大義名分を掲げるとすれば「生徒に（10代20代のうちから）本、映画、音楽、演劇などにたくさん触れてほしい。その一助になれば」ということになるだろうか。

6月に読んだ本、観た映画

【本】越智啓太『つくられる偽りの記憶』化学同人／慎泰俊『ルポ　児童相談所』筑摩書房／金成隆一『ルポ　トランプ王国』岩波書店／真野俊樹『日本の医療、くらべてみたら10勝5敗3分けで世界一』講談社／横澤一彦『つじつまを合わせたがる脳』岩波書店／池谷裕二『できない脳ほど自信過剰』朝日新聞出版／今野浩『ヒラノ教授の線形計画法物語』岩波書店／村上春樹『騎士団長殺し　第1部　顕れるイデア編』新潮社／村上春樹『騎士団長殺し　第2部　遷ろうメタファー編』新潮社／川上未映子・村上春樹『みみずくは黄昏に飛びたつ』新潮社／安部龍太郎『等伯　上』文藝春秋／輿水泰弘・碇卯人ほか『相棒 season 9上』朝日新聞出版／城山三郎『花失せては面白からず』角川書店

【映画】マンチェスター・バイ・ザ・シー☆☆☆☆／LOGAN ローガン☆☆☆✰／ジーサンズ はじめての強盗☆☆☆

本については書誌情報だけ。映画については、現在はタイトルと評価だけ（以前はストー

リーや感想も載せていた)。

ロゴを描いてもらう

『退屈』はともすると文字ばかりになってしまう。雰囲気を和らげるために、年度はじめに、『退屈』用のロゴ(ロゴタイプ)やカットを募集し、使わせてもらう。面白いもので、一度誰かが描いてくれたロゴを使うと、他の生徒からも原稿が集まるようになる。

次ページに、今まで使わせてもらった『退屈』のタイトル用ロゴのいくつかを掲載する。中には、保護者が描いてくれたものや(「『退屈』を読んで、お母さんが描きました」と持ってきてくれた)、教育実習生が描いてくれたものもある。

退屈
たいくつ
たいくつ
BORED
たいくつ
TAIKUTSU
退屈
退屈だ…!
たいくつ…
たいくつ
たいくつ
退屈

16

マンガの力を借りる
——感性に働きかける

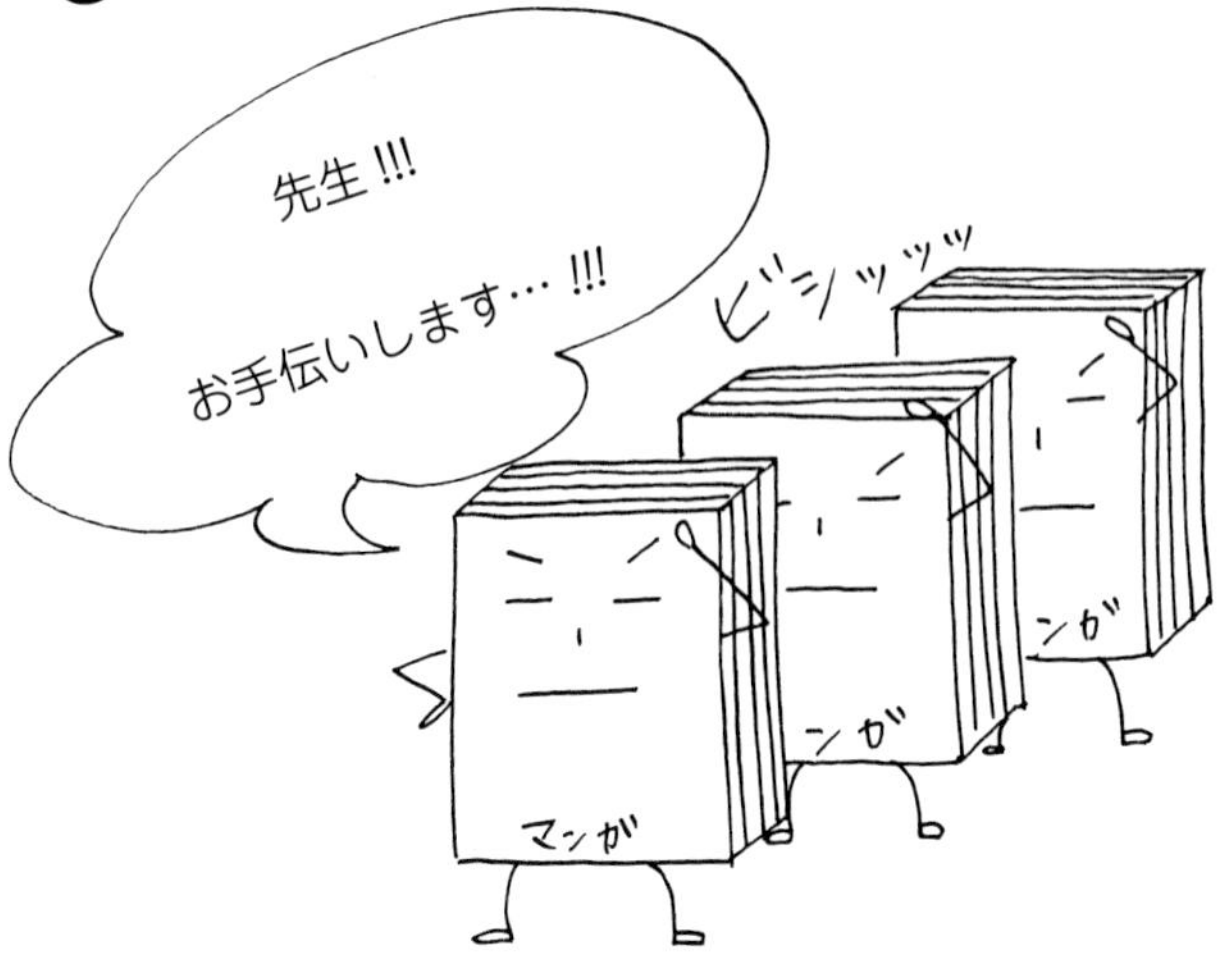
先生!!!
お手伝いします…!!!
ビシッッツ
マンガ
ンガ
ンガ

「政経」では、戦争、差別、冤罪、貧困など、社会のダークサイドについて学ぶことが多い。冷静かつ科学的にそういう問題を扱いたいと一方で思うが、それだけでは十分ではないだろう。例えば、広島に投下された原爆について

「第二次世界大戦（太平洋戦争）末期、1945年8月6日に投下。

原爆の被害は、熱線・爆風・放射線によってもたらされた。死者約14万人。

その後も核兵器の開発は続き、核時代の原点となる。」

とだけ教えればいいという社会科教員はおそらくいない。

経済学者マーシャルの「warm heart」の言を引くまでもなく、被爆者にいかに寄り添い、彼らの痛みや悲しみや怒りにどれだけ共感できるかが、ヒロシマ・ナガサキを原点とする核問題の学習の成否を決めると言ってもいいだろう。

以前、科目「現代社会」を担当し、しかも週4時間も授業があった頃は、核問題に十数コマを費やしたこともある。

現在は核問題に何時間も割くことはできない。そこで、限られた授業で何を伝えるのかと考えると、やはり原点である被爆体験をきちんと伝え、被爆者の思いに寄り添おうとすることが出発点ではないかと思う。

『はだしのゲンはピカドンを忘れない』

『はだしのゲン』の著者・中沢啓治が自らの被爆体験を語りおろした『はだしのゲンはピカドンを忘れない』という岩波ブックレットがある（１９８２年刊行）。被爆直後に父・姉・弟を失い、さらに妹と母も原爆の影響によって亡くした著者が怒りを込めて語った文章と、さし絵として使われているマンガが相乗効果を生み、被爆の惨状がリアルに伝わってくる。

これをクラスの人数分用意して、1時間かけて生徒に読んでもらう。

抜粋を印刷して読ませてもいいのだろう。中沢の語りの中には彼の強固な主張も込められており、「これはどうかな」と気になる箇所もある。けれど、ここは、そういう部分も含め、ひとまとまりの作品として通読させたい。

教師になりたての頃、「生徒に読ませたい文章があるのだけれどプリントが多くなるし、時間の制約があって……」というような話を学習会でしたら、先輩の教師に「熊田さん、これは読ませたいと思う文章は、何十ページでも印刷して読ませた方がいいんだよ」と言われて目から鱗が落ちたことがある。

早い生徒で25分ほど、ゆっくり読んで40分ほど。1年間でこの授業ほど、教室がシンと静まることはない。僕が勤務したいずれの学校でもそうである。それほど真剣に読む。それだけの迫力が本書にはあるのだ。

『夕凪の街 桜の国』

原爆の悲劇を、酷いシーンも含めて直截に描いたのが中沢啓治の諸作品だとすれば、こうの史代「夕凪の街」(『夕凪の街　桜の国』双葉社)は、原爆投下から10年を経た広島を舞台に、原爆による後障害や、被爆体験を抱えた人々の心のありようを静かに静かに描きだすマンガである。

これもまた生徒に是非読ませたいので、50冊購入し『はだしのゲン』はピカドンを忘れない』を読み終わった生徒に、残りの時間で読み進めてもらっている。読み切れない生徒で希望する者には貸し出す。

ちなみに、広島大学に進学した卒業生によれば、広島ではこのマンガを原作とした映画(主演:麻生久美子)を8月6日に放映するそうだ。

詩も音楽も

詩や音楽を用いることもある。原爆に関する詩や音楽も数知れないが、僕が授業で使っているのは、吉永小百合が原爆詩を朗読したCD「第二楽章」（ビクターエンタテインメント）である。このCDには、例えば峠三吉「序（「ちちをかえせ　ははをかえせ～」）」、原民喜「永遠のみどり」など代表的な原爆詩がいくつも収録されており、これまた本当は通して聴かせたいアルバムである。

僕は、栗原貞子「生ましめんかな」の朗読を聴かせ、日高六郎『戦後思想を考える』（岩波書店）を参考に、簡単に解説する。

なお、吉永と原爆詩の関わりについては、早川敦子『吉永小百合、オックスフォード大学で原爆詩を読む』（集英社）を読むとよいだろう。

原爆の詩と音楽と言えば、原民喜「原爆小景」を林光が合唱曲にしたものも著名だが、1曲目の「水ヲ下サイ」をはじめかなり前衛的な現代音楽なので慣れないと聴きづらい。僕は『はだしのゲンはピカドンを忘れない』を読んでもらっている時にBGMとして流したことがある。CDは「林光：原爆小景・完結版」（フォンテック）である。

17

くやしいけれど「貿易ゲーム」

卒業生と会ったとき「あの授業はよく覚えている」「あれは面白かった」というような声を聞けるのはうれしい。

ただ、それが僕のオリジナルの教材でなく借りてきた教材だと、ちょっと悔しい。

その筆頭が「貿易ゲーム」である。

「貿易ゲーム」とは

「貿易ゲーム」というのは、

1 クラスを、数人ずつの、国に見立てたいくつかの班に分け

2 ハサミや定規などの文房具（工業技術にあたる）と紙（資源）をわざと不均等に分配し（文房具が多い「先進工業国」、紙ばかりがある「資源国」、効率の悪い文房具をわずかに持つ「中進国」、文房具も紙もない「最貧国」に分かれる）

3 紙を文房具で切って、なるべくたくさん「製品」をつくるよう競い（ほぼ間違いなく「先進工業国」が勝ち、「最貧国」は途方に暮れる）

4 ゲーム後、ふりかえりを行い、南北問題や途上国の貧困について考える

というものである。社会科や開発教育に関心のある教員には古くから知られている定番教材で、教科書にも紹介されていたりする。僕は開発教育協会（DEAR）『新・貿易ゲーム～経済のグローバル化を考える～』を用いて行っている。

人生をも変える「貿易ゲーム」

1年間の最後から2番目の授業が「貿易ゲーム」、最後は「経済格差を測る」、そして入試や高校卒業に向けてのメッセージで締めるというのがここ数年の僕の「政経」のエンディングである。

マニュアルによると、「貿易ゲーム」はゲームとふりかえりと合わせて90分程度かけた方がいいようだが、僕は準備と説明で10分＋ゲーム30分＋ふりかえり10分と大幅に短縮して1時間に納める。

そのように端折ってもこのゲームのインパクトにはまことに絶大なものがある。次に紹介するのは、ある年度のあるクラスの「授業ノート」に書かれた感想である。

> ラスト2回の授業、本当に感動的でした。特に私は（貿易ゲームで）最貧国グループだったので人一倍学んだと思います。人の動きから環境問題まで、何から何

までつながっていて、小さな教室の中で世界のほんの一部でも体感できて感動しました。先生の授業のうまさにも感動しました。最後の「君たちはチャイムがなればこっちのグループ（熊田注：先進工業国）だけど、世の中にはずっと子の代までこっちのグループ（熊田注：最貧国）でいるしかない人もたくさんいる」という主《マ》旨《マ》の言葉で泣きそうになりました。（中略）将来は漠然と国連とかで世界の為に働こうかなと思っていたのですが、先生の話を聞いてからは貧富の是正に努めようかと思っています。（以下略）

それこそこちらが嬉し泣きしてしまうような感想である。

「政経」の授業終了後に答えてもらう授業評価アンケートでも、毎年、何人かの生徒がこのゲームに触れる。冒頭に述べたように、クラス会などで言及されることもある。

こういうこともあった。

高校を卒業して7年弱たったSくんが「いい話を聞いたので（僕のところに）連れてきました」と元のクラスメートと一緒にやってきた。一緒にきたクラスメートのKさんは、その春から青年海外協力隊の一員としてアフリカに派遣されるのだという。そして、そもそも彼女がそういう方面に関心を持ったきっかけが「政経」の授業でやった「貿易ゲーム」だったというのが、Sくんの言う「いい話」だった。

「私は最貧国（の班）だったので、その経験は強烈でした。当時の、クラスメートが言ったことなども覚えているぐらいですから。」

「ＪＩＣＡの研修でも、貿易ゲームをやるらしいです。」

とＫさんは言っていた。「貿易ゲーム」が彼女の人生を変えてしまったのかもしれない。

ビジネスゲーム　価格戦略

他人の褌《ふんどし》で相撲を取るのは「貿易ゲーム」だけではない。

経営学に関わって生徒参加型の授業をしたいと思って見つけたのが、Ｊ＝Ｒ＝フレイザー／市川貢『電卓でできるビジネスゲーム』（中央経済社）だ。同書に収録されている「価格戦略」ゲームと「価格－生産戦略」ゲームを少し簡略化して授業で使っている。大学商学部・経営学部の学部生向けに開発されたもののようだが、高校３年生でも十分に取り組める。

この２つのゲームでは、班ごとに商品を売り累積利益を競う。

ゲームを始める前に、まず売上高、費用、利益などの関係を説明する。

売上高＝価格×売上数量

費用　＝固定費＋変動費＝固定費＋（1個あたりの変動費×製造数量）
利益　＝売上高－費用

この授業は文化祭前後に行うことが多く、「政経」を教えている3年生は食販＝模擬店をやることが多いので、例えばタコ焼きを例にとって

変動費＝タコ、小麦粉、卵、ソース、タコ焼きトレー、竹串などの費用
固定費＝宣伝用ポスター、試作のための材料、店の飾り付けなどの費用

というように説明すると分かりやすいようだ。

続いて「価格戦略」ゲームに入る。段取りは次の通りである。

① 商品1個あたりの変動費（400円）や、1期間あたりの固定費（100万円）は全班共通。また初期値として価格1000円、売上数量3000個が与えられている。この場合、利益は80万円である（1000円×3000個－400円×3000個－100万円）。

② 班ごとに相談して、当期の価格を設定し、僕に報告する。

③ すべての班の価格が決まると、「その班の前期の売上数量」「当期の価格」「当期の他班の価格」に影響を受けてその班の「当期の売上数量」が決まる。つまり、「当期の売上数量」が「前期の売上数量」「当期の自班の価格」「他班の価格」を変数とする関数になっているということである。

④　売上数量は、『電卓でできるビジネスゲーム』にある関数式に基づいて教員がパソコンで計算し、各班の価格・売上数量を発表する（関数式は生徒には明かさない）。
なお、「価格戦略」ゲームでは売上数量＝製造数量とする。
⑤　各班は、価格・売上数量・変動費・固定費から、当期の利益を計算し発表する。
⑥　これを7～8期くり返し、その累積利益を競う。

このゲームでは、自班や他班の価格や前期の売上数量と、売上数量・売上高・利益の関係を帰納的に分析し、他班の動向を予測し、自班の価格を決めていくことがポイントになる。

「価格－生産戦略」ゲームも大枠は同じだが、各班・各期とも「価格」と同時に「製造数量」を決めなければならず、製造数量が売上数量を上回れば売れ残りが生じ（売れ残りはすべて廃棄するという設定にしている）、「完売」したらしたで、もっと売れたかもしれないチャンスを逃した可能性もあることから、意思決定がより難しくなる。

しだいに白熱する班の議論

「価格戦略」ゲームの、特にはじめのうちは、どの班も手探りで価格を上げたり下げたり試してみる。初期値の価格を変えず様子見を決め込む班もある。

しかし僕が各班の価格・売上数量を発表し、また、各班で計算した利益を順に発表してもらうと、「そんなに下げるか？」「思ったより売れない」「もっと高くしてもよかった！」などのつぶやきが出始める。

だんだん価格・売上数量・利益のデータが積み重なってくると、どの班でも

「次回はもっと（価格を）上げなくちゃ」

「いやいや、今度はどの班も下げてくるよ。突出して値上げしたら、客が逃げるでしょう」

「でも利幅は増えるから売上高は確保できる」

「あと○回だから、ここは一度下げて……」

などといった会話が交わされるようになり、回を追うにつれて白熱していく。意思決定を急かす僕の声が届かなくなるほどである。

他の班員の反対を押さえて強引に大幅値下げに踏み切ったら赤字が出て、

「社長、解任！」

と「クビ」になる生徒が出たりするので笑ってしまう。人生は厳しい。

さらに「価格戦略」ゲームの次の授業で「価格‐生産戦略」ゲームをやると、前回の経験を生かして、製造数量と売上数量のズレを少なく抑える班も出てくるし、多くの班が、場当たり的な意思決定でなく「まず2～3回値下げをしていって、お客さんをつかんでからジリジリと値上げしていく」というように「中長期的戦略」を考えるようになるから面白い。

18

歌う「政経」

本川達雄という「歌う生物学者」がいる。『ゾウの時間 ネズミの時間』（中央公論社）はじめ面白い啓蒙書をたくさん書いている大家なのだが、著書の巻末にたいてい本人が作詞・作曲した歌の歌詞と楽譜が収録されている。前からそのユニークさにひかれていた。

渡辺裕『歌う国民』（中央公論新社）という本がある。「国民国家形成の中での『国民づくり』のためのツールとして位置づけられていた（p. vi）」唱歌や、その系譜に連なる校歌、都道府県歌、うたごえ運動などを分析した真面目な本なのだが、紹介される「夏季衛生唱歌」「郵便貯金唱歌」「栄養の歌」などの歌詞があまりに実用的すぎて抱腹絶倒モノである。

この1人と1冊（の中の歌）に共通するのは、人々に新しいことを知ってもらうために、歌を用いるということである。

悪くないやり方だと思ったので、「政経」の内容を歌にすることを試みた。替え歌でもいいのだろうが、どうせなら曲づくりにも挑みたい。

人権推し

日本国憲法の人権規定を歌う。条文をほぼ網羅しようとして、かなり長くなってしまった（楽譜はpp. 278－279）。

人権推し

作詞・作曲　熊田亘

※前奏↓｛（A）（1回繰り返し）↓（B）↓（A）（1回繰り返し）↓（C）↓（A）（1回繰り返し）↓（D）｝（これを4回繰り返す）↓（E）

（A）

1　第11条　国民は　人権享有の　主体だよ　永久不可侵の　人権　与えられてるよ

2　第12条は　国民に　自由と権利の　保持責任　負わせるとともに　濫用を　いましめているよ

3　個人の尊重　13条　生命自由と　幸福を　追求すること　最大限　尊重されるよ

4　勤労納税　教育と　国民の義務も　定めるが　憲法自身の　性格は　人権カタログ

5 第14条　平等権　人種や信条　性別や　身分や門地で　差別を　してはならないよ
6 参政権は　15条　成人誰もが　選挙でき　選出された　公務員は　国民に仕える
7 請願権は　16条　政治に対して　物申す　請願したって　そのために　差別は
受けない
8 国家賠償　請求権　第17条　定めてる　国家から受けた　損害を　償わせるのだ
9 奴隷のような　拘束や　強制労働　苦役です　罪人以外は　禁じてる　第18条
10 いかなる思想を　持とうとも　持つだけだったら　無制限　第19条　内心の
自由の保障さ
11 宗教信じる　信じない　第20条で　自由だよ　政治と宗教　分離して　強制禁じる
12 21条　集会も　結社も言論　出版も　すべて表現の　自由に　含まれているよ
13 第22条　住む場所や　仕事を自由に　選べるよ　ただし公共の　福祉に　反し
ない限り
14 研究すること　その成果　論文書いたり　教えたり　23条　学問の　自由に入るよ
15 24条　法律を　家族について　定める時　個人の尊厳　両性の　平等踏まえて
16 生存権は　25条　国民誰もが　健康で　人間らしい　生活を　営む権利さ
17 26条　国民は　教育を受ける　権利もつ　そこで小中　学校は　無償とされてる
18 27条　勤労権　働く権利は　万人に　勤労条件の　基準　法律で決める

19　労働組合　作ること　交渉すること　争議権　28条　うたうよ　労働三権

20　ひとりひとりの　財産を　保障している　29条　同時に私有　財産の　制度も守るよ

21　法定手続　保障して　刑事訴訟の　手続の　根本原理を　示すのが　31条

22　誰かとトラブル　起きた時　裁判受けるの　権利だと　32条が　規定する　何人であっても

23　拷問禁止に　黙秘権　逮捕に令状　必要だ　人身の自由　手厚く　条文重ねる

24　もしも冤罪で　囚われて　無罪が決まれば　40条　刑事補償を　請求し　償い求める

(B)

1　rights　rights　rights　fundamental　human　rights（繰り返し）

2　rights　rights　rights　this　Constitution　guarantees　rights（繰り返し）

(C)

1　権利も　正義も　英語では　right　だから　権利の　主張は　正当さ

2　憲法は　英語で　Constitution　そうさ　国家の　あり方　枠組決める

(D)

1　身分　身分　身分　打破して　自由　自由　自由　求めて　人は　人は　人は　憲法

打ち立てて きた
2 王と 王と 王と たたかい 権利 権利 権利 勝ち取り 人は 人は 人は 憲法
打ち立てて きた
(E)
憲法は 権力抑え 憲法は 国家を縛る
憲法は 国民の盾 憲法は 人権の とりでなのさ

時間がかかりすぎるため、授業ではなかなか歌えないのが残念だ。

経済学とは

経済分野の最初、S＝ランズバーグ『ランチタイムの経済学』（日本経済新聞社）の抜粋を読みつつ「経済学のものの見方・考え方」の授業を行ったあとに披露するために作ったのがこの曲である（楽譜は p. 280）。

歌詞中の（ ）内は、コール（掛け声）。

歌手（教師）『〽つじつま合って いるだろか』

聴衆（生徒）「論理性！」

という具合である。

経済学とは

作詞・作曲　熊田亘

1
経済学は　謎を解くんだ　世の中謎に　満ちている
どうして不況が　続くのか　なんで貧困が　あるんだ
円高デフレ　財政赤字　それを解くのは　面白い

2
経済学は　モデルをつくる　現実一部　切り取って
ひとつの財で　考えて　次は2財に　増やして
余計な要素は　ひとまず置いて　帰納と抽象・単純化

3
経済学の　モデルを試す　現実説明　できるかと
つじつま合って　いるだろか（論理性）
データと合って　いるかな（実証性）
誰でもどこでも　繰り返しても　適用できたら　いい仮説

4
経済学の　主役は経済人　ラテン語でホモ・エコノミクス
コンピューターのように　合理的　便益費用を　計算

利己的だから　他を顧みず　自分の利益を最大化

5　経済学は　課題山積み　学説流派も　入り乱れ
現状分析　食い違い　政策提言　まちまち
それでもモデルに　修正加え　目指すは物理の　精密さ

6　経済学は　発展途上　スミスが生まれて　３００年
新たなジャンルも広がるが　それらが目指す　ところは
クールなヘッドとウォームなハート　豊かな社会　つくること

続いて、価格機構を学んだ後はこれ（楽譜はp.281）。

需要・供給曲線の歌

作詞・作曲　熊田亘

1　これぞ市場の　マジックだ　アダム＝スミスの　見えざる手
価格はどこに　定まるか　ムダはどうして　無くなるか
自由放任　なぜ良いか　それ示すのが　このグラフ

2　価格機構の　働きの　その前提は　完全な

競争市場の　存在だ　売り手買い手が　いっぱいだ
皆が価格を　受けとめて　自分の行動　決めるのだ

3
マーシャル由来の　このグラフ　聖なる十字《クロス》と　学者たち
ただし見方に　ご用心　縦軸先に　読むことだ
価格の動きが　先に立つ　数学好きは　要注意

4
まずは買い手の　動きだが　高けりゃ買い手は　少ないよ
値下がりすれば　増えていく　そこで需要の　曲線の
グラフの形は　右下がり　ディマンドカーブは　右下がり

5
さて作り手は　どうするか　費用と価格　比較して
利益出るなら　作るけど　利益ゼロなら　作らない
価格上がれば　供給増　サプライカーブは　右上がり

6
競《せ》り人高く　値付ければ　買い手少なく　物余り
超過供給　不安定　価格は下へ　向かいます
価格低けりゃ　品不足　価格は上へ　動きます

7
上がり下がりの　その末に　曲線ふたつ　交わった
均衡点で　落ち着いて　需要供給　一致して
財の過不足　解消だ　最も効率的なのだ

8
さらに進めば　このグラフ　外部条件　変化させ
曲線シフト　してみたり　財の種類と　弾力性
傾き使って　示したり　応用範囲の　広いこと

9
需要供給　均衡点　経済学の　基礎の基礎
みんな自分の　ことだけを　考えるのに　社会では
最適状態　生じます　それ示すのが　このグラフ

人権推し

熊田亘

Voice
Hand Clap
A
だ い じゅ う い ち じょ う こ く み ん は
こ じ ん の そ ん ちょ う じゅ う さ ん じょう
Vo.
Hd. Clp.
じ ん け ん きょ う ゆう の しゅ た い だ よ え い きゅ う ふ か し ん の じ ん け ん
せ い め い じ ゆ う と こ う ふ く を つ い きゅ う す る こ と さ い だ い げん
B
あ た え ら れ て る よ
そ ん ちょ う さ れ る よ
rights rights rights - — fun da men tal hu — — man rights
rights rights rights this con sti tu tion gua ran tees — rights
C
け ん り も せ い ぎ も え い ご で は
け ん ぽう は え い ご で con sti tu
rights rights rights - — fun da men tal hu — — man rights
rights rights rights this con sti tu tion gua ran tees — rights
D
right だ か ら け ん り の しゅ ちょ う は せ ー い ー と う さ み ぶ ん み ぶ ん み ぶ ん だ は し て
tion そ う さ こっ か の あ り か た わ く ぐ み き め る お う と お う と お う と た た か い

30
Vo.
じゆうじゆうじゆうもとめて ひとはひとはひとはけんぽう うちたてて き た ー
けんりけんりけんりかちとり
Hd. Clp.
36
E
Vo.
けんぽうは けんりょく おさえ けんぽうは こっかをしばる けんぽうは こくみんのたて
Hd. Clp.
48
Vo.
けんぽうは じんけんの とりでなのさ
Hd. Clp.

経済学とは

作詞・作曲　熊田亘

需要・供給曲線の歌

作詞・作曲　熊田亘

Voice
こ れ ぞ し じょ う の ー ま じ っ く だ
Vo.
あ だ む す み す の ー み え ざ る て か か く は ど こ に
Vo.
さ だ ま る か む だ は ど う し て な く な る か
Vo.
じ ゆ う ほ う に ん ー な ぜ よ い か そ れ を し め す の が
Vo.
こ の ぐ ら ふ

謝辞

筑波大学附属高校で私の「政経」の授業を受けてくれた（耐えてくれた）すべての卒業生に御礼を。なかでも

授業中、ここで驚いてほしいなとか、納得してほしいなとか思うところで、期待通りに「おおっ」「なるほどー」と声をあげてくれた人（超快感です）

私のジョークに笑ってくれた人

私の説明の下手くそなところ、不十分なところについて、すかさず、遠慮会釈なく質問を投げかけてくれた人

授業内容に関する新しい情報を教えてくれた人、私が「この先は大学でやってね」とチラッと紹介した話題を追究して報告してくれた人

授業がつまらなくなれば、あっという間に居眠りやおしゃべりや内職をはじめることで「警告」を発してくれた人

皆さんがいたお陰で「政経」の授業は随分マシになりました。どうもありがとう。一層、精進したいと思います。

本書の、法律に関わる章に関しては、かつて私が担任をして、今はインハウス・ロイヤーとして活躍中の眞柄聡美さんにチェックしていただきました（もちろん本書の内容に関する全責任は私にあります）。

また、各章の扉には、これまた元担任クラスで、今は大学生の大槻茉椰さんにイラストを描いていただきました。表紙カバーも彼女のイラストがベースです。ありがとうございます。教師冥利に尽きます。

引用した授業の感想や教科通信のロゴについては、誰のものか分からなくなってしまったものが多いので、名前を載せませんでした。もし「自分のだ！」と気づいた場合には熊田までご連絡ください。

清水書院の清水麻佳さんには、本づくりのすべての工程でお世話になりました。編集部長の中沖栄さんからもアドバイスと励ましをいただきました。ありがとうございます。また、本書を執筆するきっかけをつくってくださった塚原義暁さんにも感謝いたします。

二〇一八年四月

本文中で紹介・引用した文献、教材など

『悪問だらけの大学入試—河合塾から見えること』（丹羽健夫著、集英社）
『民法のすすめ』（星野英一著、岩波書店）
『プレップ民法 第3版増補版』（米倉明著、弘文堂）
『ゼミナール民法入門』（道垣内弘人著、日本経済新聞社）
『いま知りたい日本国憲法』（東京新聞政治部編、講談社）
『決定 社会科学の理論とモデル ４』（宇佐美誠著、東京大学出版会）
『多数決を疑う 社会的選択理論とは何か』（坂井豊貴著、岩波書店）
『ネーミング発想法』（横井惠子著、日本経済新聞社）
『つきあい方の科学 バクテリアから国際関係まで』（R・アクセルロッド著、ミネルヴァ書房）
『ランチタイムの経済学 日常生活の謎をやさしく解き明かす』（スティーヴン・ランズバーグ著、日本経済新聞社）
『それをお金で買いますか 市場主義の限界』（マイケル・サンデル著、早川書房）
"What Money Can't Buy : The Moral Limits of Markets"（Michael J. Sandel, Farrar, Straus and Giroux）
『論理トレーニング』（野矢茂樹著、産業図書）
『論理トレーニング１０１題』（野矢茂樹著、産業図書）
『人は見た目が9割』（竹内一郎著、新潮社）
『反社会学講座』（パオロ・マッツァリーノ著、イースト・プレス）
『クリティカル進化論「ＯＬ進化論」で学ぶ思考の技法』（道田泰司／宮元博章／秋月りす著、北大路書房）
『これが憲法だ！』（長谷部恭男／杉田敦著、朝日新聞社）
『学力への挑戦〝数学だいきらい〟からの旅立ち』（仲本正夫著、旬報社）
『はだしのゲンはピカドンを忘れない』（中沢啓治著、岩波書店）
『夕凪の街 桜の国』（こうの史代著、双葉社）
『戦後思想を考える』（日高六郎著、岩波書店）
『吉永小百合、オックスフォード大学で原爆詩を読む』（早川敦子著、集英社）
『新・貿易ゲーム—経済のグローバル化を考える』（開発教育協会／神奈川県国際交流協会、開発教育協会）
『電卓でできるビジネスゲーム』（J・R・フレイザー／市川貢著、中央経済社）
『ゾウの時間 ネズミの時間 サイズの生物学』（本川達雄著、中央公論社）
『歌う国民』（渡辺裕著、中央公論新社）
「やさしい経済学 合理性と利己性を問う１」（筒井義郎、２００６年4月7日付『日本経済新聞』）
「日本国憲法前文」（アルバム「きたがわてつベストセレクション」より）（きたがわてつ、音楽センター）
「第二楽章」（吉永小百合、ビクターエンタテインメント）
「林光：原爆小景・完結版」（林光、フォンテック）

この他にも、数多くの書籍等を授業づくりの参考にさせていただきました。

熊田 亘（くまだ わたる）
1960年生まれ。
埼玉県立浦和東高校，埼玉県立志木高校を経て，現在は筑波大学附属高校教諭。
著書に『女と男 男も考える性差別の現在』（ほるぷ出版），『新聞の読み方 上達法』（ほるぷ出版），『高校生と学ぶ死 ―「死の授業」の一年間―』（清水書院），『高等学校 現代政治・経済 新訂版（文部科学省検定済教科書）』（共著，清水書院）など。

「おもしろ」授業で法律や経済を学ぶ

2018年 5 月28日　初版発行

著　者　　熊田《くまだ》 亘《わたる》

発行者　　野村 久一郎
発行所　　株式会社 清水書院
〒102-0072
東京都千代田区飯田橋 3-11-6
電話　03-5213-7151
装　丁　　重保 咲
印刷所　　広研印刷 株式会社
製本所　　広研印刷 株式会社

定価はカバーに表示

●落丁・乱丁本はお取り替えいたします。
●本書に記載している会社名および製品名は，各社の商標または登録商標です。なお，本文中に ™，® マークは明記しておりません。

ISBN 978-4-389-22589-6　　Printed in Japan